U0574716

大成企业研究院 著

产融协同
金融服务实体经济新思维

INDUSTRY AND
FINANCE SYNERGY

FINANCE TO
SERVE REAL ECONOMY IN NEW THINKING

社会科学文献出版社
SOCIAL SCIENCES ACADEMIC PRESS (CHINA)

大成企业研究院
"产融协同　促进实体经济发展"
课题组

课题组组长

　欧阳晓明

课题组副组长

　谢伯阳　田利辉

课题组成员

　谢伯阳　欧阳晓明　田利辉　陈永杰　刘琦波

　徐鹏飞　王　哲　胡冰川　马　静

前　言

　　产融协同，就是金融业和实体产业的协同发展，是指金融业和实体产业相互依存、相互配合，实现均衡、协调和可持续的共同发展。在宏观层面，产融协同表现为在国民经济产业结构中，金融部门和实体经济部门所占比重适当、发展均衡；在中观层面，表现为实体经济行业和金融行业相互了解，相互支持，相互依存，最终促进以制造业为核心的实体经济和金融业共同健康发展；在微观层面，表现为金融机构和实体经济企业的紧密合作，形成利益共同体，实现产业资本与金融资本深度融合。产融结合，是产融协同的重要实现形式之一，在经济全球化、信息技术革命、全球资源整合加速背景下，随着产业边界不断打破，产业部门与金融部门融合程度越来越深，实体经济企业和金融机构在资金、股权及人事上相互渗透，相互跨入对方经营领域，形成产融结合组织，从而不断优化产业金融生态。

　　产业与金融的有效协同，是以做大做强实体经济为根本目的，而非追求短期利润最大化，是在合法合规基础上的深度融合，从而在根本上区别于一些"资本大鳄"依靠资本运作，推高资本泡沫，从中牟利的模式。

世界和中国经济发展的历史经验都表明，产融协同好，经济发展才会平稳，结构才会健康，金融风险才会降低；产融协同不好，金融脱实向虚、自我循环，则经济发展艰难，产业结构失衡，金融风险也会增高，甚至直接威胁社会财富的形成和增长，扰乱经济社会生活秩序，危及国家长治久安。

改革开放以来，我国经济长时间保持了持续高速增长，其中一个重要原因就是产业和金融互相促进、共同发展。然而近年来，我国经济增速放缓，实体经济增长乏力，金融业产出却保持快速增长，金融与实体经济之间出现了发展不协同、脱节失衡的严重局面，在转型升级的关键时期，资金"脱实向虚"引发的一系列问题更是让企业的发展举步维艰。金融与实体经济发展严重不平衡，金融和实体经济关系异化，影响国民经济健康发展，制约我国经济转型升级步伐。

加快转型升级，实现经济高质量快速发展，必须采取有力措施促进产融协同、共同发展。要站在新的历史基点上重新塑造产业和金融的关系，促进以制造业为核心的实体经济和金融良性互动、健康发展。

近年来，关于如何促进金融改革，促进实体经济发展的相关研究和政策建议很多，特别是有关部门先后出台了一系列政策，引导产融合作，并设立了产融合作试点城市。但现有的理论研究和政策建议更多的是从金融角度入手，在改革政策制定过程中侧重强调金融行业的特殊地位，而较少从实体经济与金融行业协同发展、促进国民经济产业结构均衡发展的角度开展研究。

在2017年7月召开的全国金融工作会议上，习近平总书记强调，金融要服务于实体经济、防控金融风险、深化金融改革，促进经济和金融良性循环健康发展。落实金融工作会议精神，解决资金"脱实向虚"，引导资金"脱虚向实"，促进金融和产业协同发展，就必须要进一步深刻认识产融协同的重要意义，统筹考虑实体经济转型升级和金融改革，深入推进金融供给侧结构性改革，创新金融服务实体经济方式方法，推动实体经济高质量发展。

为了更好地促进实体经济与金融良性循环、健康发展，大成企业研究院开展了"产融协同　促进实体经济发展"课题研究，课题从产业端入手，从企业实践入手，研究分析当前金融行业发展与实体经济发展不平衡的根本原因，研究探索引导资金"脱虚向实"，引导金融服务实体经济和中小企业，促进产融协同的有效实现模式，并提出具体政策建议。

为真实了解当前一些大型民营企业产融结合的实践情况，大成企业研究院在70余位民营企业董事长、总裁出席的2017年秋季"大成企业首脑沙龙"上通过问卷调查的方式对企业产融协同的实践做法、作用意义和政策建议等进行了调研。同时，课题组走访调研了近20家代表性民营企业和银行、保理、融资租赁公司等金融机构和企业，召开数次有企业和专家参加的座谈会，对民营企业产融结合的成功经验进行了总结，并掌握和了解了当前民营企业在获得有效金融支持、促进企业发展方面面临的问题、困难以及政策需求。

课题重新审视了实体经济与金融的关系，对当前实体经济和金融之间发展不平衡、不协调的深层次原因进行了深入分析。我们认为，产融协同是我国经济发展由高速度向高质量转变的必然需要。扭转当前金融和实体经济发展的失衡局面，促进资金"脱虚向实"，就必须进一步深化金融改革，增强金融服务实体经济的能力，采取有效措施促进产融有效协同、共同发展：一是要引导和鼓励金融业回归服务实体经济发展的本源，与实体经济密切合作，协同发展；二是要出台相关政策，鼓励企业充分利用各种金融工具促进实体产业发展；三是要在金融准入方面，给予产业资本、民营资本真正的国民待遇，鼓励和支持有条件的大型民营企业投资金融机构；四是金融监管要分类监管，宽严相济，在加强有效监管的同时，鼓励和支持产融协同、有效融合、良性互动。

目　录

主报告

分报告

案例篇

产融协同：金融服务实体经济新思维 | **主报告**

产融协同，促进实体经济发展

实体经济是金融的根基，金融是实体经济的血脉，经济的高质量发展离不开产融协同、协调发展。当前，我国经济正处于新旧动能转换、从高速增长向高质量增长转变的关键阶段，不断克服经济转型过程中面临的各种困难和挑战，实现国民经济的协调、可持续发展，要求我们站在产融协同发展的角度重新认识实体经济与金融的关系，并认真思考和探索进一步深化改革，增强金融服务实体经济能力，促进产融有效协同、共同发展的实现路径和有效措施。

一　产融协同是我国经济发展由高速度向高质量转变的必然需要

改革开放 40 年来，我国经济的快速发展，离不开产业和金融的相互配合和互相促进。新时代我国经济转向高质量发展轨道，对产融协同、协调发展提出了更高的要求。

（一）实体经济与金融之间关系的本质是共生共荣

国内外研究表明，金融发展与实体经济增长之间存在着显著的双向因果关系。金融部门通过资本聚集、资源配置、财富再分配和风险再分配，支持实体经济扩大投资、降低成本，促进企业实现技术创新和进步，从而推动实体经济增长；而实体经济增长反过来为金融中介发展积累金融资源，创造金融需求，激活发展潜力。产业的发展离不开金融业支持，金融业的发展也必须与一定的产业发展水平相适应。

首先，实体经济的发展促进了金融发展。

金融是实体经济发展的产物，金融的发展来源于实体经济的需求，没有实体经济就没有金融发展的基础。实体经济的规模和效益决定了金融的需求和规模，如果没有实体经济现实的稳定的收益作保障，金融的"创新"和盲目扩张就只能是空中楼阁，并会不断扩大泡沫破裂的风险。可以毫不夸张地说，金融的发展史就是金融反映并服务实体经济的历史，离开了实体经济，金融业的创新、繁荣都无从谈起。

其次，实体经济的发展离不开金融支持。

金融是工业的血脉，更是整个国民经济的血液，世界各国经济增长与金融发展的历史表明，金融对实体经济发展具有积极推动的作用，是推动实体经济发展的主要工具。

金融对实体经济发展的促进作用主要体现在以下两个方面：第一，金融的发展为实体经济提供了有效的支付中介；第二，金融发展通过提升储蓄投资转化率、提高资本配置效率、提供市场流动性等方式促进经济增长，并承担整个过程的风险分散与稳定增长的责任。随着技术的进步和经济的发展，金融对于实体经济的作用愈加广泛和多元，如企业的兼并与收购、信息披露、信用体制建设、财务管理等活动都离不开金融有效参与。

最后，只有实体经济和金融协调发展，经济才会健康运行。

作为国民经济的重要组成部分，金融发展水平要与实体经济的发展水平相匹配，才能推动整体经济的增长，反之则会抑制经济增长，金融发展与实体经济发展只有紧密协同，才能和谐共荣。产融协同好，经济发展才会平稳，结构才会健康，金融风险才会降低；产融协同不好，金融脱实向虚、自我循环，则经济发展艰难，产业结构失衡，金融风险也会增高。

金融与实体经济的平衡与协调一旦被破坏，金融职能一旦出现明显异化，金融部门过度膨胀，货币资金在金融体系内部空转，不但起不到支持实体经济的作用，还会使实体经济丧失持续发展的能力，并进一步加剧经济体系的不平衡和不稳定，直接威胁社会财富的形成和增长，损害经济社会生活秩序，危及国家长治久安。20世纪发生的拉美国家债务危机、东南亚金融危机以及2008年国际金融危机，都充分说明了这一点。

（二）改革开放以来中国经济的高速增长得益于实体经济和金融互相促进的改革和协调发展

改革开放以来，我国国民经济蓬勃发展、经济保持快速增长，经济总量连上新台阶，综合国力大幅提升，综合国力和国际竞争力不断增强。

40年来，中国经济的产业结构不断优化，以工业为例，工业持续快速发展，工业化水平明显提高，工业生产能力显著增强，工业体系日益完备完善，工业经济规模不断扩大，工业经济效益显著提升，一批具有国际竞争力的大企业迅速成长，实现了由一个落后的农业国到世界制造业大国的历史性转变。随着社会主义市场经济体制逐步趋于完善，我国国有工业企业在国民经济中的主导地位和作用日益增强，民营和外资工业企业比重不断上升，并成为国民经济的重要组成部分。特别是加入 WTO 以后，中国对外开放的深度和广度不断加大，中国工业融入国际分工体系的步伐不断加快，中国工业企业国际化加速推进，并成为参与国际市场竞争的重要力量。

在以工业为代表的实体经济高速发展的同时，中国金融体制也不断改革，形成了相对完整的金融体系，金融发展的步伐与市场贴得越来越近。一是形成了以商业银行为主体，证券、保险、信托、基金、金融租赁、财务公司等门类齐全的多元化的金融机构体系；二是金融业务不断拓展与创新，由仅有的存、贷、结算扩展到当前复杂的业务结构体系，各种金融衍生品种，如期货、期权、互换等也相继出现；三是利率、汇率形成体制也不断得到市场化改革；四是我国货币市场、资本市场不断得到发展，同业拆借市场、银行间债券市场、票据市场、股票市场从无到有，交易规模不断扩大，实现了跨越式发展；五是金融监管体系逐渐形成，确立了"分业经营、分业监管"的模式，建立起了国务院金融稳定发展委员会加"一行两会"的监管结构。

客观地讲，产业和金融相互促进、协调发展，是改革开放以来中国经济高速发展的重要原因之一。实体经济的高速发展为金融的繁荣发展奠定了坚实的基础，促进了金融体系的恢复、重建、改革和创新，同时，金融又极大地支持了实体经济发展，金融改革和各种金融业务创新又有效地满足了实体经济的融资需求，刺激了内需，拉动了经济增长。

如银行业和实体经济的互相促进。一方面，实体经济的发展促进了银行业的改革和发展。改革开放以来，中国银行业的各项改革，包括"拨改贷"，中国人民银行专门行使中央银行职能，国有专业银行的恢复和建立，股份制商业银行和政策性银行的组建与发展，城市信用社、农村信用社、城市商业银行的发展等，都源于市场经济、商品经济的发展和各种规模类型企业日益增长的多种多样的融资需求。另一方面，正是由于银行信贷的增加，才在一定程度上满足了实体经济发展的资金需求，促进了我国实体经济特别是工业的发展。如果没有银行贷款的支持，国有企业、乡镇企业和民营企业都难以快速发展。

改革开放以来，我国实体经济和银行业互相促进，共同发展，不断壮大。我国金融机构贷款余额从 1978 年的 1890.4 亿元增长到 2016 年的 1066040 亿元，国内生产总值从 3678.1 亿元增长到 743585.5 亿元，其中工业增加值从 1621.5 亿元增长到 247877.7 亿元，我国实体经济实现了质和量的飞跃。随着我国经济的发展和工业实力的不断增强，我国银行业的整体实力也随之发生了翻天覆地的变化。中国银行业的资产规模，从 1978 年的 3048 亿元人民币增长到 2016 年末的 232.25 万亿元人民币，增长了 760 多倍。

又如股票市场和实体经济的互相促进。改革开放以来，实体经济越来越庞大的资金需求，催生了股票市场的建立，实体经济的快速发展和越来越多优质企业的上市，吸引大量资金入市带动股票市场实现跨越式发展，而随着股票市场的不断成熟和完善，日益增长的巨大投资规模又有力地推动实体经济发展。股票市场的建立完善，在为企业发展提供融资支持的同时，也促进了企业治理结构不断完善、健康发展。

随着股票市场的不断完善和日益开放，优质企业，特别是大批优秀民企上市募集资金。得益于改革开放以后中国经济的腾飞，中国股票市场规模日益扩大，参与主体不断丰富和发展壮大。国家统计局的数据显示，1991～2016 年，我国企业在国内股市上累计筹资额达 97885.62 亿元。上市公司数从 1991 年的 14 家增加到 2017 年底的 3444 家，从行业来看，其中制造业企业 2206 家，占比达 64.1%。从所有制结构来看，上市公司中民营企业 2101 家，占比已达到 61%。

再如债券市场和实体经济的互相促进。债券市场的发展也是实体经济和金融互相促进、共同发展的典型例子。经过十几年发展，我国企业债券融资规模不断扩大，根据中国人民银行的统计数据，1993～2016 年，企业公司信用类债券（企业债）的发行额从 1993 年的 235.84 亿元跃升至 2016 年的 82242 亿元。债券融资已经成为企业最重要的直接融资方式，2016 年我国企业债券融资在社会融资规模中占比达到 16.85%，远超非金融企业境内股票融资 6.97% 的占比，债券市场的快速发展，为企业发展提供了极大的资金供给。

对 1978 年以来历年金融机构贷款余额情况及历年第一、第二产业增加值的比较分析，也有力地证明了改革开放以来我国金融和实体经济互相促进、共同发展壮大这一论点。

从图 1 可以看出，金融机构贷款余额、贷款余额增速与实体经济发展速度之间存在着明显的正相关关系。改革开放以来我国几次信贷大规模扩张，都有力地促进了实体经济的发展，随着实体经济的高速增长，金融业也得以繁荣发展。但 2008 年以后，信贷和货币供应量的扩张速度明显高于实体经济增长速度，反映了金融业发展开始脱离实体经济，尽管金融业开始迅速膨胀，但对实体经济发展的贡献度反而没有得到相应提升，甚至有所下降。

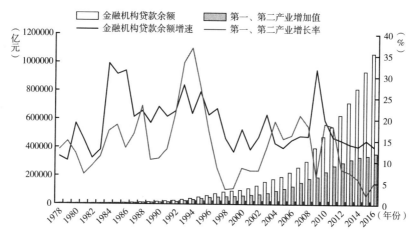

图 1　改革开放以来金融机构贷款余额与第一、第二产业增加值情况

资料来源：国家统计局、中国人民银行，后同。

（三）产融不协同，金融与实体经济发展脱节失衡，难以为我国经济高质量发展提供有效支撑

近年来我国经济增速放缓，实体经济增长乏力，金融业产出却保持快速增长，金融业在经济中的比重快速上升，而工业特别是制造业比重下降。金融业与实体经济发展走势相背离，金融与实体经济发展严重失衡，加剧了整体经济不平衡和不稳定，威胁国民经济健康发展，并且蕴含着巨大的风险，无法为我国经济高质量发展提供有效支撑。

一是金融业增加值占 GDP 比重快速攀升，与工业占比下滑形成了强烈的反差。2012～2016 年，我国金融业增加值占 GDP 的比重分别为 6.51%、6.92%、7.25%、8.44%、8.35[①]，呈快速上升的势头，而同期我国工业增加值占 GDP 比重则分别为 38.66%、37.35%、36.31%、34.5%、33.31%，逐年下滑（见图 2 和图 3）。

---

① 何德旭、王朝阳等：《中国金融业高增长：逻辑与风险》，中国社会科学出版社，2017。

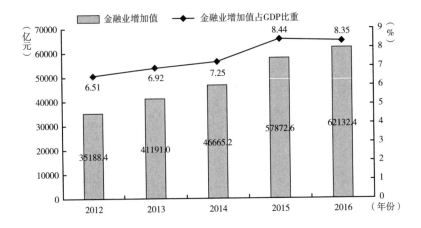

图2　2012~2016年金融业增加值及占GDP比重

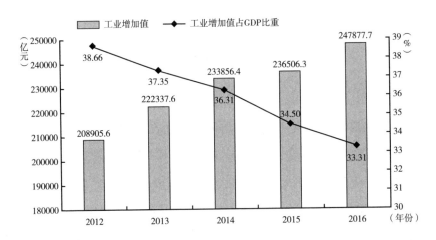

图3　2012~2016年工业增加值及占GDP比重

从GDP贡献率来看，2012~2016年金融业对经济增长的贡献率分别为7.6%、8.9%、9.5%、16.4%和7.1%，而工业对经济增长的贡献率则显著下降，分别为40.59%、37.9%、35.3%、30.4%和30.7%[①]（见图4）。

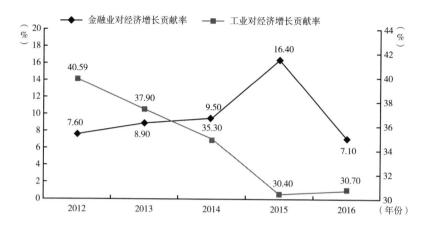

图4 2012～2016年工业及金融业对经济增长的贡献率

二是金融业利润大幅上升，与制造业利润不断下滑形成鲜明对比。2008年金融危机以来，我国工业企业利润增幅波动剧烈，且出现急速下行趋势，特别是2010年之后，工业企业利润断崖式下降。① 国家统计局数据显示，2007～2016年，全国规模以上工业企业利润增长率分别是39.23%、12.55%、13.02%、53.58%、15.73%、0.84%、12.2%、3.3%、-2.3%和21%（见图5）。

反观金融业，在增加值大幅扩张的同时，金融企业净利润占所有企业利润的比重也呈大幅上升趋势。以A股上市公司为例，金融类上市公司（主要以上市银行为主）的净利润占所有上市公司净利润总额的比重显著增加，其中，上市金融企业和上市银行的净利润占比分别从2006年的34%、29%增加至2015年的62%、51%，净利润占比差不多翻了一番。2017前三季度，A股上市公

---

① 2017年我国规模以上工业企业利润大幅增加，一方面得益于供给侧改革去产能的积极进展，另一方面则是由于大宗商品及上游产品价格大幅上涨，为居于产业链上游的国企贡献了大部分利润。

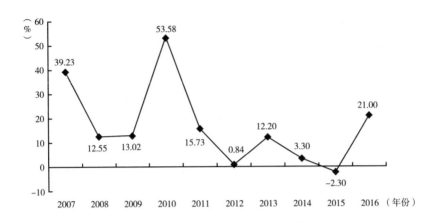

图5 2007～2016年全国规模以上工业企业利润增长率

司共实现净利润约 2.56 万亿元，其中 25 只银行股净利达 1.13 万亿元，占比达 44%。[①] 如果加上券商、保险、信托等金融类企业，则占比将进一步提高。

金融行业的高利润意味着实体企业不仅融资难，而且融资成本高，直接影响了实体经济特别是制造业的发展。

三是金融资产持续上升，资本边际产出下降显著。根据中国人民银行网站、中国证券登记结算有限公司网站相关数据计算，我国金融资产总额持续快速上升，2011～2016 年，金融资产总额分别是 GDP 的 3.9 倍、4.1 倍、4.24 倍、4.44 倍、5.07 倍、5.41 倍。

但是，尽管金融机构的总资产规模扩张速度远超过广义货币供应量和 GDP 增速，资金供应量的大幅增加并未带来实体经济规模的同比例增长，资本边际产出下降显著。统计数据显示，我国社会融资规模增量从 2002 年的 2 万亿元大幅增加至 2016 年的 17.8 万

[①] 《25 家银行卷走 A 股超 4 成利润，专家："暴利"只是错觉》，人民网，http：//money. people. com. cn/n1/2017/1111/c42877 – 29639799. html。

亿元人民币，每 1 元社会融资增量带来的 GDP 增量却由 2002 年的 0.5 元降至 2016 年的 0.3 元。

金融业较高的利润率和较快的盈利速度，不断吸引产业资本、民营资本、国有资本甚至居民储蓄等流向金融市场，资金"脱实向虚"，一方面，金融体系的资本供给与企业转型升级融资需求不匹配，实体经济依然存在融资缺口；另一方面，大量资金没有流向实体经济，而是在金融体系内自我循环，资金空转拉长资金流转链条、抬高融资成本，又进一步加剧了实体经济的经营困难，形成恶性循环，实体经济萎缩、产业空心化趋势不断加剧。

近几年金融的繁荣和高速发展，并没有反映到支持实体经济发展上来，实体经济特别是中小企业的融资难、融资贵的问题没有得到根本解决。金融普惠性差，特别是中小企业和科技创新型企业融资渠道有限，难以得到有效的金融支持，不利于我国经济健康发展。

（四）高质量发展需要实体经济与金融相互协同、互相促进

改革开放以来我国经济的发展，从正反两个方面提醒我们，只有实体经济和金融协同发展，互相促进，中国经济才能实现高质量的增长和发展。

当前，我国经济已由高速增长阶段转向高质量发展阶段，正处在转变发展方式、优化经济结构、转换增长动力的攻关期。最近几年，受全球经济增速减缓、生产成本上升及利润下降、虚拟经济泡沫等多重因素叠加影响，我国经济特别是制造业企业经营环境趋紧、下行压力加大，出现了增长放缓、结构性矛盾突出、效益下滑等诸多问题。究其原因，一方面是因为支撑我国实体经

济30多年快速发展的传统要素优势正逐步减弱，要素价格持续上升，实体企业综合生产成本快速上升；另一方面则由于实体经济和金融发展不平衡、不协调，虚拟经济对实体经济的挤压加大，特别是金融、房地产及其他虚拟领域的快速膨胀和过度投机行为，侵蚀了实体经济的发展基础，加剧了实体经济的困境，进而影响整体经济健康。

要提高经济发展质量，就必须正确处理好金融和实体经济的关系，实现金融与实体经济发展的良性互动、共同发展，特别是要引导金融回归本源，增强服务实体经济发展的能力。必须要着眼于促进产融协同发展，不断推进金融改革。

解决资金"脱实向虚"，引导资金"脱虚向实"，促进中国经济健康发展，在国际竞争中保持优势地位，就必须在改革过程中统筹考虑推进实体经济转型升级和金融改革，各项改革措施必须着眼于促进产融有效协同、共同发展壮大。

第一，把金融改革放在国家战略全局中进行考虑，而不能就金融谈金融。金融行业要充分研究中国经济，了解和掌握中国经济，特别是要关切和了解实体经济的金融需求，为实体经济发展提供优质服务，在解决实体经济增长乏力、融资难融资贵上多下功夫。

第二，金融改革必须具备一定的前瞻性，而不能仅限于局部的微调和应急性改变。要站在促进产融协同、服务实体经济发展的高度上，从战略全局谋划和统筹推进金融体系改革和优化。

第三，产融协同，共同发展，要求金融行业必须把发展的基点立足于服务实体经济，要做中国的价值发现者，不断发现中国市场中的优秀投资标的，特别是要关注新经济、新动能、新技术和新兴产业，主动引导资源有效配置，助力新兴产业发展，促进我国经济转型升级。

二 产融有效协同促进实体经济发展的探索实践

无论是在世界范围内，还是从我国实践上看，产融结合都是社会经济发展的必然方向。从实践路径上看，产融协同包括"由产而融"和"由融而产"两个方向：从产到融，是指产业发展对金融供给的多层次需求，由产业主导，与金融相互促进发展，产业资本对金融业的投入；从融到产，是指金融行业为产业提供多样化金融服务，金融与产业相辅相成的关系，金融资本对产业的投入。从股权层面看，在我国金融制度下，金融机构目前难以参与产业投资，而产业资本发展相对成熟，因此我国的产融结合实践多为"由产而融"路径。从业务层面看，"由产而融"比较积极，也比较活跃，而"由融而产"相对较少。

（一）企业产融协同促进主业发展的有益探索

企业发展到一定阶段，通常会进入平台期，业绩难以提升，规模难以扩大，究其主要原因，是企业有限的融资能力和内部资源管理能力无法适应企业快速发展的需求。产融协同，对内可以解决企业发展瓶颈，进行企业组织结构再造，处理好实业发展与金融发展的关系，保证企业资源利用最大化；对外可以创造需求，增加客户黏性，扩大市场份额；长期看，还可以帮助企业保持行业领先，储备新技术、新产品，进行前瞻性战略布局。

企业家调查问卷结果显示，受访企业在产融协同方面开展的实践有：利用证券市场上市、发行股票、发行债券的企业占 55.1%，参与创立股权投资基金（PE、VC 等）的占 44.9%；运用企业债、资产证券化、夹层融资等金融工具的占 42.0%，设立财务公司、保理公司、融资租赁公司等其他金融机构的占 29.0%，投资银行、信托、保险、证券等金融机构的占 24.6%，境外融资的占 21.7%。

关于产融协同对企业发展的作用和意义，问卷显示：68.1% 的企业家认为，产融协同支持主业发展，与实体产业产生协同效应；62.3% 的企业家认为，产融协同提高资金利用效率，降低融资成本；55.1% 的企业家认为，产融协同解决企业融资难题，拓展融资渠道；37.7% 的企业家认为，产融协同促进产业链上下游中小企业共同发展；23.2% 的企业家认为，产融协同改善资产配置结构，平滑产业周期性风险；21.7% 的企业家认为，产融协同积累企业信用记录，提高企业信用评级；13.0% 的企业家认为，产融协同获取金融收益；1.4% 的企业家认为，产融协同有利于企业财富保值。

1. 发展供应链金融，与上下游企业互利共赢

产融协同较为典型的模式是供应链金融，即立足于产业供应链，基于对整条供应链中物流、资金流、信息流的掌控，采用更丰富的增信手段，向供应链参与者提供综合金融服务的一种金融模式。供应链金融提供商利用上下游企业真实具体的生产经营交易信息，如历史交易记录、合同执行能力、贸易连续性等，评估企业的商业信用情况，以预付账款融资、应收账款融资、动产抵押融资等业务，为企业提供低成本贷款，缩短资金周转周期，夯实产业供应链基础，使供应链整体资金使用更加高效、产业运营更加顺畅，金融也实现有效增值。同时，供应链金融灵活的企业信用评估模式，转变了传统金融机构基于企业规模、财务报表的风控体系，帮助很多在传统信贷服务范围外的中小企业获得融资。

实践中，供应链金融较为常见的模式有：核心企业模式、平台企业模式、物流企业模式。

一是基于核心企业的供应链金融模式，结构上通过核心企业向产业链上下游延伸，特点是核心企业以自身商业信用背书，为上下游中小企业担保、增信。核心企业通过供应链金融，可以增加上下游企业黏性，巩固自身市场竞争力，同时缩短资金流动周期，提升产业链整体竞争力；之所以愿意担保，是因为其身处产业链核心位置，掌握上下游经营活动情况，能够锁定还款来源，控制风险。

典型案例如新希望集团农业供应链金融。新希望集团是农业产业化龙头企业，最初发展供应链金融是为了更好地扶持和帮助农户，从而获取质量更好、成本更低、安全健康的畜禽，为此新希望集团成立了普惠农牧担保公司和新希望商业保理公司，建立起农业供应链金融服务体系。普惠农牧担保业务利用新希望集团良好的信用为上下游中小企业、养殖户担保、增信，帮助其获得银行贷款。新希望商业保理则进行应收账款管理，其实质是短期的应收账款贴现贷款，解决上下游企业间不用立即付钱的信用问题，保理公司通过接收新希望饲料销售的应收账款（即养殖户应付账款），一方面，替养殖户垫付了资金，延后了养殖户的付款时间；另一方面，提前了新希望养殖公司账款回收时间，帮助养殖公司改善现金流情况。

风险防控方面，新希望集团通过资金闭环模式，充分利用集团完整的上下游产业链优势，在为养殖户提供种苗、饲料、回收、肉食品加工等全产业链服务的同时，定向支付、统一结算，形成闭环，既满足养殖户的生产生活融资需求，又有效控制了风险，有效解决了农户有钱不还、资金挪用的信用风险，上下游价格波动的市场风险，以及农户饲养技术欠佳的养殖风险。

二是基于平台企业的供应链金融模式，供应链平台企业一般是

B2B 电商平台，平台企业的核心优势是拥有历史交易数据，可以利用大数据风险控制模型对客户进行信用评级，提供小额、高频的信用贷款，从而增加平台交易量、增加客户黏性。典型案例如中驰车福汽车配件平台供应链金融、中钢网大宗商品电商平台供应链金融。

以中驰车福为例，中驰车福是为汽车零部件生产商—汽修厂—车主提供服务垂直类行业平台，主要业务为汽车配件销售。中驰车福最初发展供应链金融是因为下游客户汽修厂遭遇到现实融资困难：中驰车福面对的汽修厂规模小、缺乏征信且地域上分散于全国范围内，银行的属地管理原则以及现场尽调、面签等风险控制要求，使银行很难直接向中小微汽修厂授信；并且汽车配件产品标准不统一、产品型号众多，导致汽修厂配件库存压力大，资金更加紧张。为解决这些问题，中驰车福成立了量子金服，并与平安银行合作开发出一套供应链金融系统，利用中驰车福七年发展所积累的汽车配件数据库、订单交易数据库以及仓储物流数据库形成大数据风控模型，将平台上下游企业的外部征信数据、内部交易数据转化为信用资产，提供相对应的小额高频贷款。

风险控制方面，贷前利用模型进行客户分析、信用评级，并实时自动更新客户画像，提升或降低信用额度；贷中进行实时监控，若发现数据异常、存在风险，系统自动冻结或降低信用额度，同时利用线下物流配送人员实地走访核实，跟踪、处理可疑风险，进行线上、线下两级风控联防；贷后分析坏账发生情况，不断优化风控模型及风险管理操作。

三是基于物流企业的供应链金融模式，物流企业串联起供应链的上下游企业，除了拥有买卖双方的交易信息、物流，可以如核心企业、平台企业一般进行客户的信用评级、风险防控之外，物流企业同时还控制掌握实际货物，可以开展基于货权的担保、质押等金融业务，还可以控制贷款违约风险，在发生违约时处置货物以弥补风险损失。

典型案例如美国 UPS Capital（UPSC，联合包裹资本公司）供应链金融，UPS 最初发展供应链金融，是为了更好地服务于物流快递业发展。UPS 的中小企业客户，一方面由于信用条件限制难以获得银行信贷融资，另一方面又受沃尔玛等强势买家的压制，到货 30~40 天后才支付货款，资金周转十分紧张。为此，UPS 于 1998 年成立 UPSC，为中小企业客户提供存货质押、应收账款质押、应收账款融资等供应链金融服务。风控方面，整个融资过程中，存货（抵押物）始终掌控在 UPS 手中，基于物联网技术，UPS 可以全球跟踪、随时掌握存货动向，防控违约风险。

实践中，业务多元化的大型综合集团企业发展供应链金融，模式更为灵活，金融服务更加丰富，产融协同效应更为明显。如海尔日日顺供应链金融，整合了海尔集团旗下日日顺物流、海尔 B2B 企业采购平台等集团优势资源，为海尔产品下游经销商提供综合金融服务。在结构设计上，海尔供应链金融上游是集团生产板块，可以为优质经销商背书增信；中端是海尔 B2B 采购平台，可以利用交易数据分析模型进行风险评级、统一结算；同时辅以日日顺物流，对物流实时监控，通过这种立体式多重风险防控结构设计，有效实现风险防控。

2. 通过租赁、保险等金融渠道，更好服务终端客户，促进行业发展

客户终端的产融协同，通过满足客户融资需求、提供金融增值服务，提升客户企业的产品体验，达到刺激销售的目的，应用行业的典型代表有工程机械行业。工程机械产品价格高、设备使用回收周期长、一次性付款困难、客户数量较少，通过产融协同可以有效解决行业发展痛点，帮助企业增加客户黏性，扩大市场占有率，实现快速发展。

以三一集团、卡特彼勒公司为例，二者均为世界领先的工程装备机械制造商，都积累了丰富的工程机械相关金融实践。通过产融协同，集融资、融物于一体，将物权、债权相结合，客户企业可以享受售前融资、全程保险覆盖、售后保值、二手设备出售等全程金融服务。售前融资方面，客户企业购置大额设备存在资金压力时，可选择融资租赁业务，此时由三一集团参股或合作的融资租赁公司购买设备，租赁给客户企业使用，客户企业分期支付租金即可获得产品的使用权；除了融资租赁，三一集团旗下的三一汽车金融公司可为客户提供新机按揭贷款、二手设备销售贷款、设备租赁等金融服务。

保险方面，三一集团联合 14 家企业共同成立了装备制造业专业保险公司久隆财险，久隆财险依托股东企业丰富的装备行业专业技术、专家团队、工程机械运行情况数据库，在为客户提供精准保险定价、量身定制保险方案的同时，可以依靠物联网技术实时掌控装备运行情况以及环境信息数据，远程识别潜在风险，为客户提供实时风险指导，预先观测、及时援助、防灾减损，延长设备使用寿命，保护客户的切身利益。

售后保值方面，卡特彼勒公司的资产余值管理体系更具代表性，卡特彼勒针对本品牌二手设备专门成立"再分销服务团队"（CRSI），推广卡特彼勒二手设备认证（CCU）体系，逐步建立起标准化、可信赖的二手设备分级评定系统。在此基础上，CRSI 通过卡特彼勒全球代理商体系开拓二手设备市场，卡特彼勒的二手设备分类等级明晰、设备性能维护良好，现在已经成为全球最保值的二手设备。

3. 建立企业财务公司，提高集团资金利用效率

企业集团财务公司是一种非银行金融机构，主要适用于分（子）公司成员数量多、分布广的大型集团企业。财务公司可以为集团成员单位提供专业的财务管理服务，减轻成员单位财务压力，使其更加专注于主业发展，为集团运营提供坚实的资金支持，有效提升集团的战略执行力。由财务公司统一进行资金管理，还可以产生规模效应，降低融资成本、提高投资收益，提高集团资金使用效率。相较于其他金融机构是用"别人的钱"给"别人花"，财务公司用集团自己的钱给自己的成员企业花，财务公司更了解成员企业的真实信息、更加了解其金融需求，产融协同更加充分，可以在更好服务企业的同时，采取更加灵活的风控手段控制风险。

以新奥财务公司为例，新奥集团的城市燃气服务板块，在全国范围内有近500家法人单位，若资金分散在各成员企业，每一家资金规模有限，无法发挥规模效应。财务公司将各成员企业的资金归集在一起，统收统付、集中管理，可以大大提高资金使用效率。融资方面，财务公司为集团成员企业提供银行贷款、公司债券、融资租赁、票据贴现、境外融资等专业融资服务，所有成员企业均通过财务公司统一对外融资，既减少了同各个金融机构对接的沟通成本，又提高了谈判议价能力。资金集中后，集团内部资金腾挪空间扩大，财务公司可以为成员企业提供信用贷款，帮助困难成员企业周转、帮助难以获得银行贷款的中小成员企业融资。

资金管理方面，财务公司除了支持成员企业融资，还为成员企业的优质客户提供买方信贷和消费信贷。买方信贷是一种类保理业

务，主要针对购买燃气的工商业客户，利率水平高于财务公司对成员企业的贷款利率，低于商业银行贷款利率；消费信贷主要针对购买燃气的家庭用户、个人用户，额度小、周期短，主要利用大数据信息系统实现信贷的智能化审批。财务公司通过信贷服务，可以增加购气客户黏性，减轻成员企业应收账款财务压力，利用闲置的应收账款获得收益。

4. 分离轻重资产，支持企业快速发展壮大

对于一些初始投入大、收益缓慢的重资产服务业或基础设施行业，如酒店、仓储、水务等，利用金融手段转变商业模式、分离轻重资产，可以出让未来长期预期收益，以缓解企业市场扩张所需资金压力，典型案例如万豪酒店、普洛斯物流。

以普洛斯物流为例，规模化是物流地产发展的必经之路，20世纪普洛斯在进行海外业务扩张时，面临严重的资金约束，仅靠租金完全回收投资成本至少需要 10 年。为缓解资金压力，普洛斯发起私募基金，并调整业务结构，在地产开发、物业管理两大原有核心部门的基础上，新设基金管理部门，构建一个物业与资金的闭合循环。其中，地产开发部门负责选址、拿地、开发，并出租给客户，物业管理部门负责进行专业化物业管理，收取服务费，待项目达到稳定运营状态（出租率达到 90%，租金回报率在 7% 左右），基金管理部门将该项目纳入物流地产基金。由于普洛斯在基金中的持股比例为 20% ~ 30%，项目纳入基金相当于完成了一次销售，使资金迅速回笼，提前兑现了开发成本、收入及利润，投资回报期相应缩短到 2 ~ 3 年，资金周转速度提升了 0.7 倍。投资者持有普洛斯物流地产基金，可以获得稳定的租金、物业现金收入，实现资产保值，因此普洛斯基金非常受市场青睐，截至 2017 年底，普洛斯基金管理平台的资产规模已达 430 亿美元。普洛斯也利用基金提前收回资金，缓解了融资压力，更有能力开发更多新项目、收购优质物流资产，在产融协同发展的帮助下，普洛斯布局全球的进程大大缩短。

5. 通过产业基金投资，满足高科技、高成长行业技术储备融资需求

在一些高科技门槛、高成长速度的行业，如生物医药、信息技术、新能源行业，产品研发周期长、研发投入大、技术更新迭代快，企业很有创新紧迫感。为了跟随、引领技术发展潮流，企业在坚持科研工作的同时，还积极参与股权投资，围绕产业进行新技术、新工艺、新产品的战略布局。技术研发周期长、投资大、风险高，科技类股权投资更是高风险项目，银行等传统金融机构的审慎经营、风险控制原则，使此类企业无法从传统金融机构处获得足够的资金，企业往往通过设立产业基金等方式筹措资金，此时，产融协同发展是高科技、高成长企业快速发展、保持领先的现实需求和重要保障。

典型案例如医药行业的天士力产业基金、高科技行业的英特尔资本。天士力集团是一个现代医药集团，医药产业技术门槛高，是典型的资本密集型、人才密集型产业。研究统计，国际制药企业50% 以上的创新产品来自企业外部，如投资并购产品。为了紧跟世界医药产业的发展步伐，天士力集团设立产业基金，围绕企业产业、产品线布局展开资本运作，产融协同效应明显。

对于早期项目，天士力集团通过 VC、PE 基金在产业创新领域进行战略布局，如分子诊断、基因筛查、靶向药物等。对于较为成熟的企业，天士力集团利用产权市场进行股权投资，兼并收购仙鹤制药、

陕西华氏医药、广东粤健医药等企业，不断链接、拓展产业链优势；投资癌症早期筛查公司康立明、凯立特医疗器械公司等项目，获得优先市场化权利，有效补充天士力集团在相关治疗领域的产品布局；与法国生物梅里埃公司、法国 Pharnext 公司组建合资企业，开展国际项目合作，引进国外领先技术开展创新药研发；参股甘肃众友、山东立健等连锁药店项目，优化天士力集团药品零售领域布局。

天士力产业基金充分发挥了"产业为核心，金融为工具"的发展理念，为集团主业发展提供重要的战略支持。此外，相较于普通金融投资资本，天士力产业资本的优势是可以为被投资企业提供"孵化"增值服务，每个被投资企业都可以充分利用天士力集团的各种优势资源，有效提升项目成功率，提高投资效益。待项目成熟后，视具体发展情况，纳入天士力集团，仅参股持有或按照市场化投资模式进行 IPO 获取投资收益。

6. 参股金融机构，深入整合产业、金融资源，加速产业升级

随着近几年国家金融政策的放宽，企业投资金融机构的情况越来越常见。有过硬投融资能力的大型企业，在灵活运用各种金融工具的基础上，投资参股金融机构，进行更深入的产业金融资源整合，不仅能改善企业融资效率、融资渠道，为企业带来稳定的投资收益，还是企业产融协同发展、做大做强主业的重要切入点。

以复星集团产融协同模式为例，复星集团是中国领先的产业投资集团，经营业务包括产业运营、投资及资本管理等。作为一家具有投资基因的产业运营集团，复星集团通过自身在融资端、投资端及投后整合端的能力，以中国动力嫁接全球资源为核心战略，助力旗下产业的迅速转型和升级。

在融资端，复星集团拥有多元化的融资渠道，包括银团、银行贷款、公开市场发债、分项目的私募股权融资，同时还有第三方募集的基金等。多年来，复星集团一直在强化境内境外的融资能力和打通海外融资渠道，通过多区域的融资渠道，实现本地融资本地使用；同时基于每个项目的情况及公司的资金安排，综合考量融资方式，在保证资金安全、透明、规范的前提下适度通过多元化的手段合理控制资金成本。在投资端，在保证了充足且相对低成本的融资后，复星集团通过其在全球控股或参股的金融机构，搜寻价值投资的机会，投资海外优秀产业，将对方先进的技术和商业模式引入国内，与旗下的相关企业进行整合，实现产业发展上的"弯道超车"。在投后整合端，复星集团通过对被投企业在资金、人才、管理、运营等方面的赋能，帮助企业提升业绩、创造价值。

复星集团凭借其多元化的融资渠道、海内外金融机构布局，进行全球资源深入整合，既能助力实体产业"走出去"，又能凭借深厚的产业积累赋能和支持被投企业在中国落地，将它们"引回来"，并进一步通过协同运营来创造新的价值，南京南钢就是一个成功范例。

南京南钢是复星集团投资入股的一家钢铁集团，复星集团运用其全球投融资的能力帮助南京南钢借力海外并购加速产业的升级。传统的兼并收购需要有的放矢，事先了解标的企业，评估资产价值、发展前景；然而在进入新市场、不了解当地企业的情况下，先行收购当地金融机构是一条捷径，利用本土金融机构可以迅速深入了解当地企业，并与复星集团产业平台嫁接，进行深度产业整合。复星集团收购德国私人银行 H&A 之后，深耕 H&A 客户资源，发现当地"隐形冠军"、汽车行业轻量化专家 Koller，并促成 Koller 与复星集团旗下南钢集团的合作，帮助南钢集团完成了对 Koller 的收购。这次并购不仅推动了南钢集团在新材料领域的技术发展，也帮助 Koller 扩展中国和亚洲市场，是一个双赢的产业整合案例，为中国企业"走出去"提供一个可行路径。

（二）银行产融协同促进实体经济发展的有益探索

在利率市场化、银行业准入门槛降低、金融脱媒、互联网金融的冲击和影响下，近年银行面临的竞争压力日益增大，传统银行纷纷寻求转型路径。一些银行以差异化竞争、专业化服务为方向，在服务实体经济企业上探索出了产融协同创新模式，并取得了良好的效果，值得借鉴推广。

1. 浙江台州创新小微企业金融服务——"台州模式"

浙江台州是国家级小微金融改革试验区，台州银行在转型过程中，没有复制大银行的经营套路，而是深耕本地资源，明确服务小微企业的定位，做好专业化、特色化服务，有效解决了小微企业贷款难题，探索出一条行之有效的银企协同发展路径。台州市企业授信户数中99%是小微企业，金融业贷款的一半投向小微，小微贷款的一半由地方小法人金融机构投放，小微贷款一半多是保证贷款，同时，小微金融覆盖面、满足率等指标均领先全国。

台州模式之所以成功，首先是其深入分析当地实践过程中出现的"三多三难"难题：小微企业多、信用增信难，经济部门信息多、共享难，小法人银行多、资金来源难，并有针对性地一一攻破。政府层面，浙江省、台州市政府坚持做服务型城府，"有所为，有所不为"。2013 年，浙江省政府印发了《浙江省小微企业金融服务改革创新试验区实施方案》，确定在台州市建设浙江省小微企业金融服务改革创新试验区，并进行顶层设计。随后，台州市政府搭建台州市金融服务信用信息共享平台（把分散在中国人民银行、工商、药监、地税、公安、环保、质监、电力等 17 个部门的信用信息集中起来）、银行信贷产品查询平台，发起成立小微企业信用保证基金。而在城商行的股权结构和高管任免上政府主动放手，允许银行按照真正的市场化操作运营。

在政策鼓励和引导下，台州服务小微企业最出色的三家城商行台州银行、泰隆银行、民泰银行，凭借创新意识强、深耕细作、机制灵活优势逐渐脱颖而出。不同于传统的财务报表风控模式，台州当地银行采取的是"三品三表"政策。该说法解释，看客户的"人品、产品、抵押品"，来评估客户的还款意愿、还款能力、还款保障；看客户的"水表、电表、海关报表"，来评估推算小企业的生产经营情况。

2. 光大银行扶持工程机械行业发展——"光大模式"

工程机械行业有价格高、回收期长、设备使用期长、购买产品一次性付款难、市场上客户数量较少等特点；在改革开放初期，中国经济高速发展，基础设施建设蓬勃兴起，市场需求大增，但工程机械金融服务不完善，缺乏适应工程机械特点的金融产品，技术上又很难与海外公司竞争，造成了中国工程机械企业发展缓慢，市场占有率很低。

2002 年初，根据工程机械行业的特点，光大银行率先推出"总对总"工程机械按揭贷款业务，并把支持工程机械产品金融链业务作为光大中长期业务发展战略，从资源配置、管理体系上探索新思路，在风险可控情况不断完善产品种类，在 2002～2010 年工程机械黄金时期，累计投放超过 800 亿元，市场占比将近 60%，因此光大银行也被中国工程机械工业协会授予"中国工程机械行业金融突出贡献奖"的唯一商业银行。同时，"光大模式"也带动了其他商业银行进入工程机械领域，为工程机械领域量身定制贷款品种，为整个行业注入了新动力，在银行的支持下我国工程机械行业迅速打开了市场局面，进入快速发展轨道，目前工程机械市场仍有50%的销售依赖银行按揭贷款。

3. 民生银行践行普惠金融、支持中小企业——"民生供应链金融模式"

商业银行转型方面，民生银行以供应链为切入点，打造民生供应链金融服务品牌。首先在银行内业务管理体系方面，民生银行在实践中不断调整完善，从传统的管理方式向前、中、后台协同作业的管理模式转变，从以单户的财务报表为主的授信模式向以核心企业信用为主的批量授信转变，从单一的产品服务模式向行业化、特色化转变，根据不同行业设计不同的供应链金融解决方案，从传统人工线下作业向线上化、网络化转变，以适应互联网时代供应链金融要求。

供应链金融方案的设计上，民生银行基于核心企业各个交易场景，为其及上下游企业提供一体化、个性化的综合金融解决方案。通过切入核心企业 ERP 中，深入企业的实际供产销环节，贯彻"以客户为中心"服务理念，换位思考企业的实际金融需要，针对企业采购、市场销售、平台交易等不同交易场景，设计有针对性的场景化金融模式，提供合适的金融产品，比如票据管家，帮助企业减少票据管理环节，企业通过票据管家可以实现大票换小票金融服务，也可以为核心企业及上下游企业提供应收账款融资、跨行保、结算类资金管理以及资金归集等业务。

民生银行将核心企业及其上下游中小企业都聚集在民生银行的供应链金融平台上，通过对线上作业的全流程优化，即贷前的客户背景调查、贷中放款环节及贷后风险预警环节，全面深入与核心企业合作，整合上下游企业的资金流、物流和信息流，针对产业生态圈各方需求提供全方位服务，打造银行、核心企业和上下游企业多方共赢的新型供应链生态圈，为产业链提供源源不断的动力，也为核心企业在财务管理方面提供科学的管理和运营建议，进一步增强其产业链竞争力及核心企业竞争力，增加银企的黏性。

民生银行已经逐步探索出服务民营企业、小微企业的经营特色，有力支持了一大批中小企业茁壮成长。2017 年底，与民生银行供应链金融深入合作的产业核心企业有 108 家，为 4000 多家中小企业提供融资服务，带来了约 300 亿元存款，业务余额达 500 亿元，累计发生额将近 900 亿元。

（三）产融协同案例的启示

分析研究产融协同实践案例可以发现，在产融结合、协同发展实践过程中有一些规律性结论，具有借鉴意义。

1. 产融协同是产业资本与金融资本发展的现实需要

从宏观经济形势上看，我国已经告别短缺经济时代，总体由卖方市场转变为买方市场，供给侧整体生产过剩、结构性失衡，买方拥有更多主动权。企业为了抢占市场、吸引优质客户、增加客户黏性，倾向于更好地满足客户的个性化需求、提供定制化产品、提供更加完善的售后服务与更加丰富的附加服务，这些都对企业的现金流管理提出了更高的要求，企业需要与金融深入合作缓解资金压力。对于细分行业、产业链上下游末端等传统金融机构难以服务的领域，一些有实力的产业资本也会由产而融，涉足金融领域，以金融为工具，满足产业发展的需求。

对于金融资本，尤其是银行业而言，金融业在不断朝市场化、国际化、多元化方向快速发展的同时，同业竞争压力不断增加，也逐渐表现出买方市场的特征。传统金融机构也在寻求转型路径，逐步树立以服务客户为中心的经营理念，不断推出个性化定制、"管家式"全托金融服务等综合金融服务来吸引客户。在此过程中，金融机构深入挖掘企业客户需求、提供综合金融服务的过程，就是产融结合、有效协同的过程。

可见，产融相互融合、协同发展是产业资本、金融资本适应其现实发展需求的必然选择，是社会经济发展的必然方向。

2. 产业资本做金融有其合理性，可以更好服务实体经济

相较于金融机构对实体经济的服务，产业资本做金融可以更有效地服务实体经济。银行等传统金融机构更多从短期收益、风险的角度考虑问题，对企业和项目的中长期发展战略和发展潜力往往缺乏深入细致的了解，一些优质、具有创新性的项目往往难以被发掘获得资金支持。而产业资本则天然对行业发展趋势、上下游企业状况、所在地社会文化环境有深入的了解，对投资前景有更深刻的了解。因此，有产业和行业背景的金融机构在投资上目光往往会更加敏锐和准确，而且可以为企业自身和上下游企业乃至其他产业的发展提供个性化金融服务，促进整个行业的发展和创新。

特别是对于民营企业而言，不同于国有企业有政府信用背书，民营企业在社会融资中长期面临融资难、融资贵的问题，由最了解民营企业的民营产业资本做金融，可以为其他民营企业提供更好的金融服务，促进整个民营经济的快速发展。如民营企业当代集团参与创办的地方资产管理公司天乾资产，致力于为民营企业提供不良资产处置方面的专业服务，更多从挖掘企业优势、帮助企业脱困、实现发展的出发点来做，对那些发展前景较好、技术水平较强但遭遇暂时困难的优质民营企业，通过清理债务、整合债权、盘活资产等手段，帮助企业再生造血功能，最大限度地帮助企业缓解流动性困难，走出经营危机。

3. 信息技术、金融科技的发展，为产融协同的高效便捷、安全可控提供坚实的技术支撑

伴随着大数据、云计算、人工智能等新一代信息技术的发展和应用，企业的信息化程度不断提高，许多大中企业都建立了 ERP 系统，在信息记录、流程设计等方面更加合理规范，企业可以对内部部门间、子公司间的信息流、物流、资金流进行科学高效的资源管理；供应链层面，企业也可以更快捷地与制造商、供应商、运输商及其他相关方进行无边界的沟通与协作，对整个供应链上的各种资源进行高效规划和控制。

金融端的信息化水平也在不断提高，为金融机构与企业的协同合作更加顺畅打下了基础，有效解决了传统金融人工服务、纸质票据等过程中存在的效率低下、信息不对称问题，沟通核实成本大幅降低，风险防控能力显著提高。金融客户的信用评估更加灵活，金融机构可以利用多维历史数据完善客户画像，精准评估其信用风险等级，并设计出个性化金融产品；银行等金融机构也可以直接接入企业 ERP 系统，企业可以从系统内部直接进行电子商业汇票贴现、申请贷款等服务。风险控制方面，在物联网技术准确监控物料信息的基础上，利用风险控制模型，可以动态灵活调整客户信用额度，准确识别处理潜在风险。

实践证明，产业与金融在相互信任、充分沟通、风险充分揭示的前提下，基于真实、具体的生产消费场景，通过资金闭环、定向放款等流程、制度设计，再加上由信息技术、金融科技提供的坚实技术支撑，完全可以做到风险安全可控。

4. 商业保理、融资租赁等类金融机构是产融协同的重要工具

在企业实践中发现，商业保理公司、融资租赁公司等类金融机构操作模式灵活多样，有效弥补了传统金融机构无法覆盖到的企业融资需求，成为产融协同的重要工具。

保理业务是供应链金融最基础、最主要业务，可以盘活企业应收账款存量资产，为企业提供短期资金解决方案，加快资金周转效率，在解决中小微企业融资难、融资贵问题方面具有重要意义。当前中国经济转变为买方市场，企业赊销、赊购情况增多，应收账款总额逐年增加，2017 年末我国规模以上工业企业应收账款高达13.5 万亿元，同比增长 8.5%，规模庞大的应收账款为保理业务的开展提供了充足的业务基础。近年来，在国家大力发展应收账款融资、商业保理利好政策的支持下，我国商业保理行业发展迅猛，连续四年成倍增长，2016 年业务量已达 5000 亿元，未来商业保理发展潜力巨大，将在产融协同中发挥更加重要的作用。

融资租赁也是与实体经济紧密结合的金融模式，天然具有融资、融物的产融结合特点，可以为企业提供中长期资金解决方案，是产融结合的典型实践模式，在促进装备制造业发展、中小企业融资、企业技术升级改造、设备进出口、商品流通等方面具有重要的作用。同银行贷款相比，融资租赁优势明显，银行的中长期贷款申请难度较高，并且存在银行抽贷的风险，而融资租赁的租赁合同与设备收益时间长度匹配，不存在"长投短贷"的时间错配问题，有利于企业中长期资金规划，此外通过融资租赁筹措的资金还不占用银行信贷额度、不纳入资产负债表，对企业而言很具有吸引力，未来我国融资租赁行业发展空间很大。

5. 产融协同对产业生态系统建设、产业转型升级意义重大

调研座谈中，许多专家、企业家谈到，未来产融协同的发展方向将是产业链上下游、生态系统间的协同。在经济全球化、信息技术革命、全球资源整合加速的背景下，企业固守零和博弈思维，仅凭一己之力单打独斗是不行的，未来大型企业将更加专注于巩固提高企业核心竞争力，将低附加值环节剥离给上下游中小企业，因此企业间的竞争将逐渐发展成供应链、生态系统间的竞争，需要利用金融融通产业链上下游，将产业链打造为价值链，协同发展、互利共赢。随着互联网、物联网技术的发展，商业模式和商业行为也出现了巨大的变化，不同行业和不同企业间的联系和交集越来越多，跨界合作层出不穷，产业间的边界已经逐渐淡化，互赖、互依、共生的生态系统将是未来企业的发展方向，产融协同作为生态系统的融通工具，未来将发挥日益重要的作用。

在我国经济由高速增长阶段转向高质量发展之际，我国产业转型升级正处于关键窗口期，然而产业转型升级往往伴随着生产流程再造、基础设施更新升级、技术储备研发，需要相应的资金支持。尤其是一些小散乱行业或中小企业，资金约束紧、生存压力大，无力参与技术升级、产业转型，反而陷入弱者愈弱的恶性循环。采用产融协同模式，引导产业核心企业发展供应链金融，带动供应链上下游中小企业互利共赢、快速发展，为解决上述问题提供了一种解决方案。

三 产融协同面临的障碍和存在的问题

当前，我国产融协同发展的推进过程中，在观念、制度、政策等方面还存在不少突出矛盾和问题，形成产融协同、共同发展的良好局面还有许多障碍需要克服。这些问题突出表现在金融行业服务实体经济的观念弱化、产融协同发展的动力不足；由于金融市场化程度不高以及金融垄断的存在，金融资源配置失衡，金融部门过度膨胀，服务实体经济能力不足；金融监管跟不上市场经济发展和金融创新的步伐，监管套利导致实体经济融资困难；国家层面缺乏支持产融协同发展的政策制度，对产融结合还有一些负面认识，以及部分企业产融结合的过程中目的不明确，管理不规范，甚至出现"脱实向虚"。

（一）一些金融机构服务实体经济观念弱化，把片面追求短期利润最大化作为主要目标

随着我国金融市场化进程的不断加快，追求短期利润最大化已成为一些金融企业的主要动力，在利益的驱使之下，金融企业的社会责任感弱化，支持实体经济发展的意愿不足，特别是对新兴产业、科技创新性产业的支持不够。

金融行业片面追求利润最大化，为谋求高收益自我创新、自我循环、自我膨胀，导致资金空转，企业融资成本居高不下，最后形成严重的金融泡沫，形成对实体经济严重的损害。

服务实体经济观念不强，金融行业就很难实现与实体经济的协调发展、良性互动。如银行业对民营企业"天晴送伞，下雨收伞"的问题。当前，与国有企业相比，民营企业仍面临较为严重的信贷歧视，在许多方面处于弱势地位，如外部融资渠道较窄、贷款成本过高等。特别是在经济形势下行、部分行业不景气的时候，更需要有银行机构与民营企业抱团取暖、同权同利，才能共同度过经济低

谷，并迎来更大发展。然而在经济形势不好的时候，部分银行为了自身利益盲目抽贷、压贷和断贷，或者通过下调抵押物的抵押率变相抽贷、压贷，或者利率上浮过高。这些做法，在加重企业负担的同时，甚至导致部分有发展潜力、遇到暂时困难的企业破产倒闭。

金融追求自己的高增长，而忽视对实体经济的支持，在一定程度上阻碍了我国产业结构的调整和升级，导致国家产业结构不合理，影响了经济健康发展。

（二）金融市场化程度低，金融资源配置失衡，不能为实体经济发展提供多层次、多方位的服务

当前我国金融与实体经济相互分离、协同发展不够，一方面是由于实体经济和金融作为不同的行业在思维方式、经营模式、创新速度、风险偏好等方面的根本差异所决定的，另一方面也是由于我国经济从计划经济向市场经济转型的过程中改革不充分、不彻底，金融垄断还在一定程度上存在，金融市场化改革还不够彻底、金融体系和金融资源配置的结构性失衡等所造成的。金融市场发育不完善，金融体系和金融资源配置的结构性失衡，是金融行业过度膨胀、中小企业资金紧张、民间融资成本不断增加、金融服务实体经济能力不强的重要原因之一。

一是银行与非银机构发展失衡。现阶段我国金融体系还属于银行主导型金融体系，非银行金融机构的发展相对滞后。中国人民银行的统计数据显示，截至 2016 年末，我国银行机构总资产占金融市场总资产的八成以上，证券、保险、期货、公募基金、私募基金等非银行金融机构资产仅占银行机构总资产的约 1/5。银行业一枝独秀，加之债券市场和股票市场等直接融资存在诸多制度性准入限

制的约束，国内金融市场提供的融资工具少，发展不充分，企业不得不主要依靠传统的贷款渠道融资。实体经济过度依赖银行间接融资，推高了社会融资成本，难以适应经济增长和转型的需求。

另外，在客户选择上，银行机构偏爱对公企业，尤其偏爱国有企业，这就导致资本主要流向相对缺乏活力的国有企业，而效率较高的民营企业特别是量大面广的民营中小企业获得融资可能性较低且成本较高。

二是金融机构和金融产品的同质化与金融服务需求的多样化失衡。近年来，我国金融组织体系不断健全，经营规模不断扩大，服务经济的能力明显提升。但是，与发达国家金融机构打造自身业务品牌实现差异化竞争的战略不同，我国金融机构普遍存在盲目求大、同质化趋向严重等问题。

以商业银行为例。当前，我国商业银行竞争日趋激烈，在业务和产品上严重同质化。具体表现为：第一，竞争地域同质化，大型商业银行将其竞争地定在大中型城市和经济发达地区情有可原，而一些在成立之初就已确立"服务地方经济"定位的中小商业银行也盲目跟进大中型商业银行的发展思路，以追求业务范围的拓展和市场占有率的扩大为战略发展方向，也将竞争地定位于金融体系较发达的大中型城市；第二，目标客户同质化，如我国中小商业银行最初定位服务中小企业客户，实际运营中却为了争取更大的利润，将多数资源用于发展大型企业和高端客户，对中小企业（含小微企业）、"三农"和社区居民等群体的信贷支持尚显不足；第三，业务结构同质化，存贷款利差仍为拉动股份制银行利润上升的重要因素，银行的产品创新仍是以模仿居多，主动性创新不足，针对行业特点、企业不同发展阶段设计的品种不多，造成国内商业银行产品创新缺乏活力、品种不丰富、定位趋于一致。

金融机构在定位、产品种类、结构及服务功能的大同小异，与我国实体经济中企业类型多样、规模大小不一、融资需求规模巨大且极其差异化的现状极不适应，无法满足实体经济特别是中小企业、科技创新型企业的融资需求，不利于我国实体产业的健康发展。

三是大型金融机构与中小型金融机构结构失衡，经营灵活的专业性、区域性小型金融机构发展不足。我国各种金融机构和金融工具主要服务于国有企业或大中型企业，缺乏面向中小企业和民营企业的金融机构和金融市场组织。一方面，大型商业银行占有绝对优势，更容易从央行和存款客户中获取资金，且负债规模总体较大，但中小银行和其他金融机构在这方面则面临较大压力。另一方面，大型银行客户定位主要锁定大型企业，创新动力相对缺乏，专门致力于服务小微企业、"双创"企业、农户等社会弱势群体的金融机构发展不足，无法满足经济发展的需要。

四是国有与民营金融机构结构失衡，民营金融机构规模偏小。当前，我国国有金融机构的资产规模过大，国有股东在各金融子领域的金融机构中都处于控股地位，主要体现在两个层面：第一，国家股东（财政部、汇金及社保基金等）控股重要的银行、证券与保险公司；第二，央企和地方政府控股各类城商行、农商行、信托、证券、基金等。绝大多数正式金融机构的控股股东或实际控制人都是国家股东、央企或地方政府。

如中国五大国有银行，除了交通银行外，财政部（及其控股的汇金）对工农中建的持股比例都接近或超过60%，占绝对优势，其中对农行的持股比例甚至接近80%。这五大行的资产占银行业总资产高达37.29%。除了五大行外，其他股份制银行、城商行等银行以及券商、基金、信托等，绝大多数为央企和地方政府出资设立，经过多年的股权变更和改革，虽然股份已经趋向多元化，但央企和地方政府仍然控制了大部分金融机构。

近几年批准设立的民营银行，目前仍处于数量少、规模小的状态，由于民间资本进入金融领域的门槛偏高，民营金融机构发展缓慢，不能充分激发庞大的民间资本的活力。如据《新财富》杂志统计，截至2016年底，民营资本控股金融机构数量为200家，资产规模为25.75万亿元，仅占中国286.22万亿元金融业资产的9%，其中民营资本控股银行总资产为12.57万亿元，仅占中国银行业总资产的5.4%。

国有股东控股金融机构，是贷款行政化、利率非市场化、市场竞争不足、公司治理结构不完善、经营效率低下等问题产生的重要原因。

（三）金融监管不适应金融市场发展需要，监管套利推高实体经济融资成本

长期以来，我国实行"一行三会"分业监管的格局，这种监管体制在金融业务模式相对简单、金融产品创新不活跃的情况下，有利于明确监管责任和提高监管效率，但随着金融机构种类、业务和规模快速增长，金融混业经营活动不断增加，跨业协同形式趋于多样化，各类金融创新不断涌现时，分业监管模式的短板缺陷和不足日益凸显，导致监管套利的方法手段层出不穷、屡禁不止。由于当前我国金融创新快速推进与监管改革相对滞后的不协调，各种金融创新中金融工具过度使用，商品出现"泛金融化"的苗头，加之投资领域过度活跃导致房地产、农副产品等资产价格异常攀升，投资活动脱离实体经济，增加了实体经济融资成本。

我国金融监管不适应金融市场发展需要，主要表现在以下几个

方面。

一是分业监管体制与混业经营模式不相适应。分业监管的体制下，不同的监管机构在履行行业监管职责的同时还负有促进行业发展的职责，导致监管机构在监管行为上缺乏刚性，加之各监管机构之间在监管原则的一致性及监管行动一致性上缺乏协调，存在监管空白和重叠的情况，降低了监管的权威性和有效性。比如影子银行、伞形信托、各类地方性资产交易平台、以 P2P 为代表的互联网金融等，跨越了银行、证券、信托、基金、保险等多个领域，并不断突破监管边界，造成监管空白、监管漏洞很大。另外，有些交叉性影子银行产品同时归属于多个监管当局，造成重复监管问题。

二是监管机构对某些市场现象反应滞后。金融创新与金融监管一直是一对难以协调的矛盾，只有正确处理金融创新与金融监管的关系，掌握好金融创新与金融监管的平衡点，在监管中创新，在创新中监管，才能实现"监管—创新—再监管—再创新"的良性循环发展。但是，监管机构对一些所谓的创新犹豫观望，投鼠忌器，以致形成某些领域的监管真空，也造成了市场上鱼龙混杂。

三是还没有建立起长效机制，整顿市场秩序依靠运动式监管。由于运动式监管，一刀切式的管理方式，导致我国金融运行容易走进"一管就死，一放就乱"的两难怪圈，金融创新与金融监管之间一定程度上成了"跷跷板"，难以协调。

当前，混业经营、金融创新、跨境联动等都已超越了现有的金融监管框架，我国的金融监管体制改革已成当务之急，需要构建适应金融发展的金融监管体系，确保监管体制、监管方式、监管手段措施与市场、机构发展保持同步。应该说，随着 2017 年 11 月国务院金融稳定发展委员会的成立，以及随后"一行三会"一系列清理金融市场乱象、整顿市场秩序的重要措施的相继出台，特别是在 2018 年全国"两会"上，金融监管体制进行了重大改革，银监会和保监会合并，中国人民银行宏观审慎监管职能进一步得到加强，这些都在一定程度上预示着我国金融体制监管的改革已经进入一个新的阶段。

（四）企业产融结合缺乏政策支持和引导，存在政策上的不确定性

当前，我国产融结合实践尚处于初级阶段，在国家层面上，企业与金融机构产融结合存在缺乏明晰战略指导、顶层设计和政策引导，特别是在金融监管趋严的情况下，存在政策不确定性。同时，监管层和社会舆论对于企业产融结合实践，特别是大型民营企业产融结合还存在片面认识。

首先，在我国宏观审慎的金融监管制度下，企业在产融结合领域的尝试一直受到金融监管部门的密切关注，企业产融结合在市场准入、机构设置、业务范围等方面受到的监管约束较多，受政策调控影响较大。政策上的不确定性和监管趋紧，抑制了企业和金融机构进行产融结合实践的能动性和积极性。

其次，监管层面对产融结合的认识有待于与时俱进。对于金融和实业的关系、金融和实业协同发展的实现途径和模式认识还比较模糊。比如有些人将产融结合等同于"资本运作"，而没有看到部分企业通过产融结合既促进了本企业主营业务的发展壮大，也促进了全行业和其他实体产业的进步；再比如有观点认为产业和金融应该严格隔离，企业集团参股、控股和设立金融机构的行为属于"不务正业"；由于受到个别金融集团违法违规操作的不良影响，甚至有些舆论将民营企业产融结合的实践视为洪水猛兽，认为产业

资本过度发展会扰乱金融市场秩序。

以上种种，都不利于产业和金融的协同发展，更不利于产业资本和金融资本的深度融合。

（五）部分企业产融结合目的不明确、管理不规范，存在风险

目前我国企业产融结合实践仍处于"摸着石头过河"的探索阶段，政府和企业均对产融协同发展的认识不够充分，在实践中暴露出了一些问题。

一是盲目产融结合将增加企业的经营风险。尽管产融结合、协同发展通过支持实业发展，增加了企业抵御行业风险的能力，但对于大多数企业而言，金融并非其主业，企业涉足金融领域后，金融行业固有的金融风险、企业不熟悉金融业所带来的额外金融操作风险、企业快速发展壮大之后的企业管理经营风险增加，对企业的经营管理能力、风险防控能力提出了更高的要求。

二是部分企业热衷发展金融业务，存在偏离主业的风险。当前我国正处于经济增速趋缓、经济增长动力转换、实体经济特别是制造业利润低迷的时期，部分企业集团在多元化的过程中通过产融结合谋求金融的高回报，资本的逐利性可能会驱使企业"金融化"或产业资本的金融化，这可能会导致产业空心化。部分资金实力雄厚、多元化经营的大型企业集团，越来越倾向于通过产业资本谋取金融利润，追逐资本积累，形成规模优势。特别是一些金控公司，在具体的投资和金融交易过程中，投资计划逐渐异化为金融投机，资金加速脱离实体经济，成为另外一种形式的"脱实向虚"，背离了产融协同发展的初衷。

三是部分企业产融"合"而不"融"，产融"两张皮"。企业产融结合中，产业资本和金融资本"合"而不"融"是产融结合的通病。目前，在产融结合的发展过程中，部分企业获得金融牌照、发展金融业务，却并没有形成真正的产业资本和金融资本相互融合、相互促进的状态，基本呈现平行发展的态势，二者无法协调，更无法协同发展。不少企业发展产融结合，最后形成的是相对独立的两个体系，并且，金融业务受产业发展以及相关的体制机制、企业文化、公司治理等方面的约束，并未呈现优质发展的态势。

四　引导产融协同发展的政策建议

2017 年召开的全国金融工作会议指出，做好金融工作的首要原则是回归本源，服从服务于经济社会发展，要把为实体经济服务作为出发点和落脚点。金融业本质上属于服务业，金融回归本源的过程就是产融协同共同促进实体经济发展的过程。在我国经济发展进入新时代、经济由高速增长阶段向高质量发展阶段转型的关键时期，伴随着实体经济更加迫切的融资需求，对金融资源的配置效率提出了更高要求，必须重新认识产融协同的重要意义，深入推进金融供给侧结构性改革，创新金融服务实体经济方式方法，促进金融业稳定健康发展，推动实体经济向高质量转型发展。

我们认为，在进一步深化金融改革的政策取向上，一是要从目标、认识、考核、激励等方面，引导和鼓励金融行业回归服务实体经济发展的本源，加强与实体经济密切合作，做到利益取向一致、两个行业协同发展；二是要出台相关政策，鼓励企业了解金融知识，充分利用各种金融工具促进实体产业发展；三是要在金融准入方面给予产业资本、民营资本真正的国民待遇，鼓励和支持有条件的大型民营企业投资民营银行、融资租赁、保理等金融机构，在促进企业自身发展的同时为供应链上下游企业和相关产业提供金融支持；四是金融监管也应当鼓励金融与实体产业的良性互动，重视产融协同在消除信息不对称、发掘实体产业金融需求、防控金融风险等方面的重要意义，将产融结合与肆意谋取高额金融收益、扰乱金融市场秩序的违规行为相区别，在加强有效监管的同时，分类监管，宽严相济，鼓励和支持产融协同，鼓励和支持产业资本和金融资本的有效融合、良性互动。

企业家调研问卷中，关于引导资本"脱虚向实"需要重点调整的政策：62.3%的企业家认为应深化金融体制改革，破除金融垄断地位；62.3%的企业家认为应解决金融与实体经济利润不平衡问题；56.5%认为应鼓励支持实体企业进行产融结合实践；44.9%认为应鼓励发展供应链金融；42.0%认为应金融监管科学化，防止"一刀切"；34.8%认为应开展针对中小企业的全生命周期金融服务；21.7%认为应避免银行同质化竞争，如鼓励发展专业化产业银行；18.8%认为应建立稳定紧密、良性互动的银企关系，如实行主办银行制。

具体建议如下。

（一）重启主办银行试点，鼓励大中型民营企业积极参与，紧密银企伙伴关系

银行作为社会最重要的融资中介，在资金体量和融资渠道上拥有无可比拟的优势，是企业的主要融资渠道。然而银行一直是极度重视风险防控的强监管行业，银企信息不对称、沟通不顺畅、社会信用体系不健全等原因，在一定程度上造成了当前企业融资难、融资贵，银行抽贷、断贷事件频发，银企关系僵化、零和博弈的问题。我国曾经进行过银企关系改善的尝试，试行过主办银行制度，中国人民银行 1996 年颁布的《主办银行管理暂行办法》曾允许 300 家重点国有大中型企业与主办银行进行合作，然而受历史条件的制约，当时我国对主办银行制度、市场经济的认识均不够深入，监管部门管理过程烦琐，试点的实践效果不明显。

新时代，为了构建互利共赢的银企合作关系，建议重启主办银行制度。主办银行制度是一种紧密银企关系的产融协同模式，银行与企业不再是"两张皮"，而是形成利益共同体、命运共同体，这一制度对企业的稳健发展意义重大。企业与银行建立主办银行制的银企合作关系后，首先，企业能够获得相对稳定的资金支持，相较于银行提供的普通短期贷款，主办银行了解企业中长期投资和发展计划，能够协调满足企业合理的中长期资金需求；其次，主办银行为了保证银行资金风险可控，有权利参与公司治理、经营决策过程，对企业而言是一种外部监督约束，有利于企业的合规化经营；最后，当企业出现暂时流动性困难时，主办银行基于对企业的了解和对发展前景、潜力的充分理解，从长远发展、长远利益的角度，有义务与企业共渡难关，并出面沟通协商其他相关金融机构，建立信心，防止出现盲目抽贷、断贷把企业搞垮的事件发生。对银行而言，成为企业主办银行最大的收益在于消除了银企信息不对称，能够深入了解企业真实生产经营、资金使用情况，银行的资金安全更加可控。

参与主办银行制的企业，应不局限于国有企业。实践中，由于国有企业有政府信用背书，银企关系相对稳定，反而是民营企业更需要与银行增互信、稳信心、共发展，应当从政策层面上允许大中型民营企业与主办银行展开合作。

建议在总结实践经验的基础上，重启并扩大主办银行制度试点，简化监管程序，给银行和企业自主选择、自愿结合、自主管理的权利，鼓励更多的股份制银行和大中型民营企业参与主办银行合作。

（二）鼓励发展区域银行、产业银行，引导银行专业化、差异化经营

银行转型的另外一个方向是细分市场，专业化、差异化经营，发展专注于某一区域的区域银行、专注于某几个行业的产业银行等。在专业化的基础上，深入挖掘、长期跟踪细分市场客户，在支付频率、贷款期限、现金管理等方面提供创新金融产品，提升金融服务于该地区、该产业的服务效率。

一是引导城市商业银行深耕本地资源，谨慎跨区域发展。

城市商业银行的前身——城市信用社最初的业务定位，是为中小企业提供金融支持、为地方经济搭桥铺路，因此城市商业银行最初的经营活动被限制在所在城市。2009 年，银监会放宽了对城市商业银行跨区域发展的限制，各地城市商业银行纷纷全面进行跨区域扩张。然而，城市商业银行的盲目扩张、复制大银行发展路径，不仅造成银行业同质化竞争、金融资源错配，更背离了城市商业银行成立之初"立足地方经济、服务中小企业"的初衷。城市商业银行不仅在资金规模、全国网点布局等方面难以与国有银行、股份制银行相竞争，一旦脱离了本地资源，城市商业银行原有的地方政府支持、人脉与客户资源、信息资源、经营网点资源等竞争优势更是不复存在。建议引导城市商业银行回归区域银行的发展定位，聚焦于地方经济，在特定区域建立比较优势。

鼓励发展区域银行也是解决中小企业融资难题问题的有效途径。传统银行之所以排斥中小企业，根本原因是银企信息不对称，银行获取中小企业的信息成本过高：一方面，中小企业本身存在经营规范程度不高、担保抵押物少、增信困难等问题；另一方面，我国尚未建立起覆盖中小企业的信用体系，银行可依赖信息不足，需要耗费人力物力进行大量信息调查、审核工作。区域银行则可以在相当程度上解决以上问题：区域银行与本地经济结合紧密，可以发挥区位优势，聚集地区经济、产业优势，了解产业发展规律，可以与当地中小企业充分接触、沟通，掌控其真实的资信、生产经营情况；地方层面上，还更容易建立起企业信用信息分享平台，将分散在地方工商、地税、公安、环保、质监、电力等部门的企业信用信息集中起来，运用金融科技手段，利用大数据评估中小企业资信。

建议政策上限制城市商业银行跨区发展，引导城市商业银行回归区域银行的发展定位，聚焦于地方经济，深入挖掘本地客户资源，支持地方中小企业发展。

二是鼓励股份制商业银行聚焦于特定产业，向产业型银行发展。

对于具备一定实力的全国性股份制商业银行，差异化经营的方向可以是向产业银行发展，定位细分市场，提供专业化的金融服务。目前民生银行、平安银行、光大银行等已经在进行银行产业事业部探索，但仍处于摸索阶段，没有真正形成专业化行业研究水平、没有深度挖掘产业资源，银行行业研究过于宽泛，为企业提供的仍然是相对标准的信贷产品，缺乏针对行业特点的资金供给方式，产业上下游资源协同效应不明显。

真正的产业银行对银行研究团队、专业化水平要求很高，如美国硅谷银行，专注于软件与互联网、硬件与基础设施、生命科学与医疗保健、能源与资源创新、高端葡萄酒五大产业，不涉足不熟悉的领域，并且在这些产业积累了大量有资深背景的专家团队，对产业内企业的业务流程、专业技术、产品市场、成长潜力等能够形成精准判断，硅谷银行在这五大产业占据了美国垂直领域60%以上金融业务市场份额。

因此，建议民营银行、股份制商业银行聚焦于几个特定行业，进行长期跟踪，深入研究，洞察行业发展前景及周期性，准确判断行业风险，以产业链、生态圈的视角判断企业的发展前景，打造为产业量身定做的金融产品，更好为企业提供综合金融服务，打造更长期、更稳定的客户关系和更深入的客户价值理解。同时，产业银行打通产业上下游资源之后，还可以为企业提供撮合交易，根据上下游信息对企业风险进行交叉验证和全面监控。

建议在审批新增民营银行时，可选定几家作为产业银行试点，允许产业银行在有限的几大产业进行全产业链范围的全国性经营；同时可引导股份制商业银行向产业银行转型，重点帮助资本密集型产业、亟须转型升级产业以及需要扶持的战略性新兴产业发展。

（三）鼓励综合金融服务，试点为小微企业开展全生命周期金融服务

综合金融服务是指社会金融集团以服务客户为中心的经营理念，不断挖掘客户的金融需求和融资痛点，根据企业发展需求，择优选择适合的金融工具，为企业提供信贷、证券、信托、租赁、保理、投资等个性化定制的综合金融服务产品。

一是建议鼓励持有多牌照的金融控股集团为企业开展综合金融服务。综合金融服务克服了金融机构分业经营造成企业信息不连

贯、资金供给与企业发展需求不匹配、金融品种单一、多种融资工具衔接不顺等弊端；克服了多家金融机构对企业重复评估效率低下的问题，企业只需面对一家金融机构就可得到多品种服务。特别要鼓励金控集团与主业突出、实力雄厚的实体企业密切合作，建立投融资平台，充分发挥企业对行业、对市场、对企业管理熟悉，金控公司对金融市场、金融工具熟悉的优势，在产业供应链、产业区块上开展多层次、多方位、多功能的金融综合服务。

二是为了进一步发挥金融对小微企业，特别是创新程度高、科技含量高的小微企业的支持作用，要着力解决小微企业的融资痛点。对于小微企业、科技型小微企业而言，能否解决企业成长过程中的融资痛点是企业能否发展壮大的关键。尽管国家出台了许多扶持小微企业、鼓励"双创"的扶持政策，但小微企业仍面临诸多融资痛点，主要有：内源性融资体量有限，无法支撑企业的发展；外源性债权融资，存在着担保抵押物不足、银企信息不对称、银行风险偏好较低等问题；外源性股权融资，需要让渡部分股权，影响创业者对企业的控制力和未来收益；资本市场方面，创业板、中小板上市门槛高，新三板融资功能还没有得到充分发挥；P2P等互联网金融则存在着法律界定不完善、平台粗放式发展等。

建议支持若干家多牌照的金控集团开展综合金融服务，为科技型小微企业开展全生命周期金融服务试点。全生命周期金融服务是基于企业生命周期理论，根据企业在种子期、初创期、成长期、扩张期、成熟期、衰退期各阶段发展特征及融资需求，在各阶段为企业提供针对性综合金融服务，如风险投资、银行贷款、发企业债券、IPO等。具体而言，这种"全托式"产融合作模式需要具备银行、证券、保险、信托等金融业多种牌照、能够提供综合性金融服务的综合性金融服务集团，参股小微企业，或通过债转股、认股权证等股权与债权相结合的方式，形成资源共享、风险共担、利益共享、亲密合作的伙伴关系。使小微企业能够一心一意专注于企业经营、技术研发、市场运作，而金融机构针对企业生命周期各阶段的融资需求开展综合、连贯的管家式金融服务，伴随企业从小到大的成长过程。利用全生命周期金融服务模式，小微企业可以大大提高企业发展速度、加速创业项目孵化进程，同时金融部门也可以分享企业成功创业的收益。

（四）进一步推进商业保理、融资租赁公司试点工作，打通供应链金融关键环节

供应链金融通过充分掌控供应链中资金流、物流、信息流，利用资金闭环操作、金融科技等风控手段，可以为上下游中小企业提供灵活丰富的增信手段，从而解决中小企业融资难题，是产融紧密结合的成熟模式。然而供应链金融在我国已有十多年的发展历程，发展水平却始终不如预期，业务有特色、交易活跃的供应链金融模式并不多见。究其原因，主要是供应链金融发展中最能发挥作用的关键节点，如商业保理公司、融资租赁公司等供应链金融服务提供商面临现实发展困境，束缚了供应链金融的发展。

一是商业保理公司和融资租赁公司面临融资困境。

商业保理业务是供应链金融最基础、最主要业务，可以为企业提供短期应收账款贴现，在解决中小微企业融资难、融资贵问题方面具有重要意义；融资租赁是与实体经济结合最紧密的一种金融模式，是企业获得中长期融资的一种重要解决方案。二者的共同点是，虽然在性质上都不属于金融机构，没有吸收存款资格及同业拆

借、发行融资产品等金融机构功能，在实践中却扮演着类金融机构的角色，身份和功能的错配导致商业保理、融资租赁公司在实践过程中自筹资金困难，面临融资难、融资贵问题，目前商业保理公司和融资租赁公司的主要融资渠道为银行授信、P2P网贷平台、资产证券化等。

对商业保理公司而言，在我国信用体系不健全的背景下，应收账款存在违约、逾期还款风险，实践中除非有大企业股东担保，否则商业保理公司很难从银行获得贷款，即便银行批准授信额度，在实际放款时，也需要进行穿透审查，评估实际提款项目，一些针对小微企业的保理项目在传统银行评估体系中认可度较低，难以获得银行支持。

对融资租赁公司而言，融资租赁所需的中长期融资筹措更加困难，除银行系金融租赁公司可比较容易得到来自银行股东的贷款支持外，其他融资租赁公司很难得到银行贷款特别是中长期资金供给。此外，融资租赁业务所涉及的动产物权法等相关法律细则尚未立法，实际操作中易受到其他行业法律法规的掣肘，租赁的特点和优势受阻，导致一些融资租赁公司为了赚快钱，脱离了租赁物，把租赁业务异化为信贷业务。相比于美国，我国融资租赁业发展十分缓慢，美国融资租赁市场渗透率达30%，与银行贷款、证券并驾齐驱，成为企业三大融资工具之一，而同期中国融资租赁市场渗透率只有3.8%。

二是商业保理公司和融资租赁公司管理滞后，存在大量空壳公司。

目前我国商业保理、融资租赁均处于试点阶段，商业保理试点2012年下半年在全国部分地区开展，内资融资租赁试点于2004年底开展，仍没有具体、系统、完善的政策法规规范引导。在企业注册审批过程中，由于各地注册政策宽严不一，相当数量的一批没有真正运作的空壳公司留存于市场中，而一些优秀的企业难以通过注册审批申请，只能通过购买"壳公司"的非常规手段进入市场，市场管理滞后。

如商业保理公司，在深圳尤其是前海地区几乎没有注册准入门槛，因此深圳一直是全国商业保理企业的主要聚集地。截至 2017 年末，全国各类商业保理公司共计 8000 余家，其中广东商业保理公司注册量占全国 80% 以上，深圳商业保理公司注册量则占广东省总量的 99% 左右。深圳注册的大量商业保理公司中，有相当一部分是抢先注册牌照，没有开展业务的空壳公司。融资租赁公司也面临相似的问题，截至 2017 年末，全国融资租赁公司共有 9090 家，其中外资融资租赁公司为 8745 家，占全部的 96%，而外资公司的业务市场规模仅占融资租赁市场的 1/3，可见大部分是空壳企业，并没有真正运作。

建议规范整顿商业保理、融资租赁行业，清理注册两年未开展业务的空壳公司，同时不关闭审批通道，还要在税收、信贷、保险、市场准入等政策上进一步支持商业保理、融资租赁业务发展。

建议在加强监管的约束下，允许商业保理公司进入银行间交易市场，拓宽商业保理公司融资渠道。此外，建议允许商业保理公司接入中国人民银行征信中心系统，提高商业保理公司风险评估、管控能力。

鼓励稳步增加融资租赁公司的审批速度，鼓励融资租赁公司更多为民营企业提供融资租赁业务，特别是鼓励装备制造企业设立金融融资租赁公司，直接服务于企业发展。建议拓宽商业融资租赁公司融资途径，鼓励符合条件的公司发行资产证券化产品、发行企业债券，允许融资租赁公司接入中国人民银行征信中心系统，推动真正服务于实体经济的优秀融资租赁公司做强做大。建议尽早出台"融资租赁法"，完善融资租赁业务相关的物权法律规定。

（五）鼓励大型民营企业设立财务公司，提高企业资金利用效率

对于资金规模大、成员企业多、地区分布广的大型企业集团，成立企业集团财务公司，自己办金融是一种更容易被企业接受的产融结合模式，因为企业集团财务公司天然具有产融结合的优点：一方面具有金融属性，形式上其属于非银行金融机构，需要银监会核准发放金融业务牌照，可以为企业提供支付结算、银行贷款、发行企业债、票据管理贴现等专业金融服务；另一方面又具有企业属性，是企业集团下属子公司，与整个企业集团是同一利益共同体，区别于外部金融机构，企业集团财务公司相当于是企业的"内部银行"，可以辅助企业集团进行资金管理，并充分结合企业特点和发展规划提供资金支持。

自1987年第一家企业集团财务公司成立以来，财务公司的机构数量、资产规模不断壮大，截至2017年底，全国共有企业集团财务公司法人机构244家，2017年三季度末表内外总资产达到7.75万亿元。然而目前成立的财务公司中，绝大部分是国有企业，民营企业占比较少。实际上，经过多年的发展，已有大批大型民营企业集团成长起来，2017年民营企业500强门槛销售收入达120亿元，户均387亿元，资产规模户均为467亿元，很多集团亟须建立财务公司规范融资行为，提高资金的调配和利用效率。应当鼓励符合条件的大中型民营企业集团成立财务公司，发挥财务公司结算

平台、资金管理平台、筹融资平台功能，加强资金集中管理，提高资金资源配置效率，降低筹融资成本，防范金融风险，帮助企业资金管理向规范化、精细化方向发展。

金融监管方面，目前财务公司的监管要求完全是比照银行进行的，标准过于严苛，一定程度上束缚了财务公司更好发挥作用。由于财务公司具有产、融双重属性，相较于传统银行"用别人的钱给别人用"，财务公司是用集团自己的钱，借给自己的成员企业用，信息更加充分，风控更加直接有效。建议在审批上鼓励符合条件的大型民营企业设立财务公司，在监管上给予更多的灵活性。

（六）金融监管要分类监管、宽严相济、精准高效，防止"一刀切"式监管

金融业作为一个高风险行业，容易产生系统性风险，政策层面的严格监管、审慎管理是全球金融监管共识。最近金融监管部门出台了一系列加强监管的新要求，对违法违规的金融公司采取了坚决的措施，对杠杆率过高的金融机构督促其降杠杆，这些收紧的措施有利于营造良好的金融生态环境，有利于守法稳健经营的金融机构和金控集团健康发展。习近平总书记在中央金融工作会议上强调，"为实体经济服务是金融的天职，是金融的宗旨，也是防范金融风险的根本举措"。金融监管不仅是"堵"，更重要的是"疏"，要拓展思路，引导金融将更多的资源投向实体经济。产融紧密结合、协同发展，可以更有效地消除双方信息不对称，更有效地防范金融风险。因此监管部门应当充分认识产融协同交融的作用及意义，在监管过程中分类监管，宽严相济，将服务于实体经济的产融结合模式与肆意谋取高额金融收益、扰乱金融市场秩序的违规行为严格区分

开，在严厉查处金融违规行为的同时，不能关闭审批通道，允许并引导企业进行产融结合实践发展实体经济。

建议金融监管部门进一步明确监管目标，充分发挥金融监管的市场导向作用，明晰合法金融操作与金融违规行为的边界，为金融市场提供相对稳定的政策预期。同时，建议在坚决整治干扰金融市场秩序的行为的同时，鼓励和引导产融协同健康稳定发展。

产融协同：金融服务实体经济新思维 | **分报告**

产融协同发展历史

改革开放以来，我国实体经济和金融市场协同发展、相互促进。我国产融协同的历史可划分为三个阶段。第一阶段是1978～2001年，我国金融体系初步建立，为产融协同提供了基础；同时，企业积极利用金融工具获得资金、规避风险，并通过建立财务公司和控股商业银行等方式促进企业发展。第二阶段是2002～2012年，金融市场多元化发展，企业运用的金融手段也更加多样化，产融协同带来了资源配置效率的提高。第三阶段是2013年至今，产融错配的问题显现，金融工具开始脱离其原本的职能，部分行业过度杠杆化，资金空转问题严重，金融不能有效支持实体经济。自2017年以来，我国明确了金融的定位，严格了监管规则，逐步强化了金融对实体经济的服务。我们认为，产融协同是企业发展和经济增长的必然要求，我国应该改革金融体系，鼓励企业使用金融工具服务主营业务。

一 1978～2001 年：金融市场由无到有，产融协同发展

（一）金融市场起步，为产融协同提供基础

在改革开放前的计划经济时代，我国的金融体系中仅有中国人民银行一家金融机构。改革开放以后，我国逐步建立了商业银行体系和股票、债券、期货等资本市场体系。金融市场的产生有效地协助了企业融资，有力地推动了实体经济发展。

在 1993 年前，中国工商银行、中国农业银行、中国银行、中国建设银行四大国有银行是专业银行，分别承担着工商业、农业、国际业务和项目建设四个领域的政策性任务。1998 年之后，《商业银行法》正式实施，不再限定商业银行的业务领域。

1993 年，党的十四届三中全会决定成立三家政策性银行，即国家开发银行、中国进出口银行、中国农业发展银行，专门提供政策性服务。银行的政策性资金为基础行业或新兴行业的起步和发展提供了低成本资金支持，也引导着商业性金融机构的资金流向国家政策的支持重心。此外，改革开放后，农村信用社是提供农业贷款的主力军，为我国的农业、农村经济和农村社会发展做出重要贡献。在这个阶段，我国银行体系逐步建立并发展，在经济中发挥着重要作用。

同时，我国开始设立股份制企业和建立股票市场。在银行信贷之外，企业开始获得市场化的直接融资途径。1984 年，上海飞乐音响有限公司发行了 50 万元股票，开创了我国股票发行的先河。随后，股票公开柜台交易、场外交易和私下交易等方式出现，股票

流通更加便捷。1990 年和 1991 年，上海证券交易所和深圳证券交易所先后成立。公开股票市场的设立显著提高了股票的流动性和吸引力，降低了企业股权融资的难度。投资者也能使用上市公司披露的各种信息进行投资决策，提高资源配置效率。

在这个阶段，债券市场也重新起步。我国国债于 1981 年恢复发行。1991 年，我国设立了公开的债券市场，发挥着充分调用社会资金、实现资源有效配置和促进国民经济发展的作用。1994 年，我国政策性银行开始发行政策性金融债券。政策性金融债券有助于引导社会资本流动方向和提高资金使用效率。

为了规范企业债券市场，国务院分别于 1987 年和 1993 年颁布了《企业债券管理暂行条例》和《企业债券管理条例》。这段时期，企业债券市场规模不断扩大，为企业提供了市场化的直接融资方式，是银行间接融资和股权融资的重要补充。我国债券市场2001 年末债券余额统计数据如表 1 所示。

表 1　我国债券市场 2001 年末债券余额统计数据

债券类别	债券数量 （只）	债券数量比重 （%）	债券余额 （亿元）	债券余额比重 （%）
国债	77	35.16	19036.71	62.67
金融债	71	32.42	10878.43	35.81
企业债	61	27.85	339.36	1.12
政府支持机构债	6	2.74	101.00	0.33
可转债	4	1.83	22.47	0.07
合计	219	100.00	30377.96	100.00

我国保险市场和期货市场的发展为风险分散和风险转移提供了途径。改革开放以后，我国保险业恢复，主要发展了寿险和财产

险。保险不仅为风险共担提供了工具，改善了生活质量，而且，保险能集合资金并投资于风险较低的资产，提高资金的使用效率。期货则具有套期保值功能，可转移企业不愿意承担的风险，帮助企业控制风险，从而稳定经营收入。此外，期货市场具有价格发现功能，能够反映市场信息，引导现货价格的走势，提高经济的整体效率。

（二）企业积极利用金融市场，促进企业发展

我国金融市场在 1978～2001 年初步建立，逐步形成了相对完整的金融市场。实体企业可以利用金融市场融通资金和防范风险。截至 2001 年 12 月，我国沪深股市上市公司总数达 1154 家，总市值为 43552 亿元，A 股累计成交金额共 33242 亿元。2001 年末，我国未到期企业债券有 61 只，余额为 339.36 亿元。

在金融市场发展的背景下，为了更好地实现资金融通、降低资金成本以及改善经营状况，企业还通过组建财务公司和参股商业银行等方式以进一步促进产融协同。1987 年，东风汽车工业财务公司成立，这是我国第一家集团财务公司。东风汽车工业财务公司为二汽集团内的各企业、事业单位服务，在集团内部运用金融手段聚集和融通资金，引导生产要素的流动，促进了集团的资金一体化，兼顾了资金运用的社会效益和企业效益。[①]

在此阶段，国内部分大型企业集团先后成立附属银行，如中信集团成立中信银行（1978 年），首钢集团成立华夏银行（1992 年），中国光大集团成立光大银行（1992 年）等。这些企业集团既

---

① 《我国企业集团内的第一个金融机构——东风汽车工业财务公司》，《中国金融》1998 年第 5 期。

能获得控股金融机构的利润，实现企业多元化经营，也能更方便地筹集资金，为"产"与"融"的协同发展提供动力。

综上所述，1978～2001 年，金融市场从无到有，为实体经济发展提供了助推力，实体企业也积极运用金融工具促进其自身的发展，实现了产融的初步协同。不过，由于金融市场处于起步阶段，发展仍不完善，企业能利用的金融手段也相对有限。

二 2002～2012 年：产融协同多元发展，资源配置进一步优化

（一）金融市场多元化发展，优化资源配置效率

2002～2012 年这个阶段，我国金融市场总量快速扩张，不断提高对外开放程度，实现结构性的多元化发展，不断创新金融产品。金融对实体经济的支持力度也随之不断加大，资源配置效率进一步优化。

在此阶段，我国金融市场不断完善，基金业、信托业等行业高速发展。基金业和信托业具有集合投资的功能和专业性的特征，能够聚集资金形成资本，进行专业化投资，优化资本资源配置。2012 年底，我国公募基金共有 1174 只，资产净值合计 27970 亿元。2006～2009 年，在股权分置改革和股市牛市的背景下，私募基金发展迅速。私募基金为新兴企业的发展提供资金支持，发挥着为实体经济注入活力、推动产业转型升级的作用。在这个阶段，信托业管理资产规模也迅速增长，由 2008 年底的 1.22 万亿元人民币上升至 2012 年底的 10 万亿元人民币，超过了保险和基金行业的

管理资产规模。此外，中国多层次资本市场逐步建立，主板内的中小企业板块市场、创业板市场、新三板市场分别于 2004 年 5月、2012 年 4 月、2012 年 9 月设立，满足了不同发展阶段企业多元化的融资需求。

在加入世界贸易组织以后，我国金融业对外资开放，与实体经济的发展相得益彰。根据搜狐财经资料，保险业方面，外资保险公司不仅可以在上海和广州开展业务，而且扩展到深圳、大连、佛山、北京和天津等十几个城市，2003 年则完全取消了对外资保险业务的地域限制。证券业方面，外资可以以合资的形式进入，能从事股票和债券的承销和保荐、外资股的经纪以及债权的经纪和自营。银行业方面，外资银行可以在中国设立分支机构，更好地满足跨国公司的融资需求，改善中国的投资环境。

金融机构推动着我国政策目标的实现。2011 年，我国银行业金融机构加强了对战略性新兴产业、节能环保、科技创新、现代服务业的信贷支持，推动传统产业改造升级，引导出口结构优化；着眼于扩大消费需求，加大对民生领域的信贷支持，支持保障性安居工程建设；调整经济落后地区与发达地区之间信贷资源分配失衡情况。这一时期，银行业开始推行绿色信贷，限制"两高一剩"行业业务。我国银行业也积极推进小微企业金融服务，提升农村金融服务水平，支持文化产业发展，以期更好地服务实体经济的发展。[①]

（二）企业运用多样化金融手段，充分发挥协同效应

金融市场的多元化发展提高了社会资金的配置效率，多样化的

---

① 逢金玉：《金融服务实体经济解析》，《管理世界》2012 年第 5 期。

金融工具有助于实体企业融通资金、规避风险、提高效益。

与上一阶段实体产业主要通过控股商业银行和成立财务公司进入金融领域不同，在这一阶段，产业资本进入金融领域的途径更加丰富。某些企业集团开始全面投资，将资本注入保险、信托、银行、证券、租赁等几乎所有类型的金融机构，形成金融控股集团。

倘若没有背弃主业，产业资本进入金融领域不仅能拓宽企业的融资渠道，更好地服务企业，还能实现多元化经营战略，充分利用资金以获取金融业的利润。海尔集团的产融结合是集团企业利用金融工具的成功案例。海尔集团自 2001 年开始扩张其金融版图，先后进入银行业、保险业，设立财务公司，充分发挥了产融协同效应。其参股的长江证券、青岛银行等金融机构给海尔集团带来投资收益，其设立的财务公司则为企业自身和上下游企业提供了资金支持，促进了业务的发展。2009 年以来，随着国家对中央企业产融结合的支持态度日渐明朗，越来越多的央企将产融协同发展作为企业未来的重要发展战略。中石油先后并购了昆仑银行、昆仑信托，成立昆仑租赁，不断进入金融板块，这毫无疑问会增加中石油外部融资的灵活性与效率，降低融资成本，同时还能有效地增强中石油的资本运作、财富管理能力，并使中石油在日益频繁的海外并购中获得更大的自主性。[①]

总而言之，2002～2012 年，在金融市场完善和政策支持的背景下，实体经济与金融更加紧密结合，产融协同发展速度加快，形式也更加多元化。然而，金融控股集团的成立也为产业资本脱实向虚提供了渠道。

---

① 孙源：《我国企业集团产融结合的有效性研究》，西南财经大学博士学位论文，2012。

三 2013年至今：产融错配问题显现，
产融共同发力实现良性循环

（一）实业金融化和产融错配问题出现

在这一阶段，我国金融业保持着高速发展的态势，金融业增加值占GDP的比重处在高水平，在2017年该比重为7.95%。与此同时，实体经济回报率较低，工业企业利润增速和规上工业企业增加值增速处于历史低位（见图1）。于是，大量产业资本脱离实体经济进入金融领域以攫取高收益，实体经济发展动力不足，金融业风险上升。金融工具开始脱离其应有的融通资金、风险分散、引导价格等作用，出现过度投机的问题。譬如，大宗商品的期货和现货不同程度出现了"金融化"现象，大量资金进入商品市场，导致商品价格像纯粹的金融产品那样暴涨暴跌，干扰实体经济的运行。

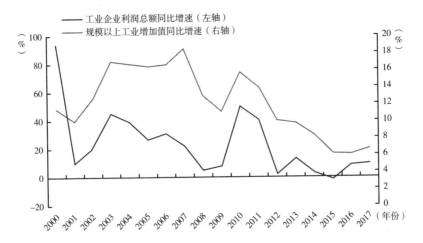

图1 2000~2017年工业企业利润总额和工业增加值的同比增速

资料来源：CSMAR数据库。

在金融业发展的同时,一系列产融错配的问题显现,需要得到关注。譬如,我国信贷资金仍主要流向于政府大项目和大型企业,小微企业融资难的问题仍存在。又如,我国贷款存在短期化问题,中长期贷款占比较低且呈现下降趋势,不利于实体经济的发展。再如,我国债券市场发展较为缓慢,公司通过发债的方式融资受到限制。还如,我国资本与金融项目存在管制,不利于吸收海外资金。这样,真正的资金需求者的需求得不到满足,实体经济发展受到限制,同时,金融乱象不断发生。

(二)金融改革和产融共同发展

我国金融改革的稳步推进将缓解产融错配的问题,推动产融协同发展。2013 年国务院发布了《关于金融支持经济结构调整和转型升级的指导意见》,明确要逐步推进信贷资产证券化常规化发展,盘活资金支持小微企业发展和经济结构调整。中国人民银行持续推动农业银行深化"三农金融事业部"改革,进一步提升对"三农"和县域的金融服务水平。在 2014 年和 2016 年,沪港通和深港通分别启动,提高了资本市场的开放水平,扩大了企业的融资渠道。2015 年,证监会发布了《公司债券发行与交易管理办法》,将境内公司债券发行主体扩大到所有公司制法人,建立非公开发行制度,为企业通过发债融资提供了有利的条件。2018 年,央行、银保监会、证监会、外汇局联合出台资管新规,规范金融机构资产管理业务,坚持服务实体经济的根本目标。我国也积极发展普惠金融,支持服务地方的小型金融机构、发展小额信贷、鼓励金融创新、扩大金融服务覆盖面,使金融充分发挥其服务实体经济的职能。多层次的资本市场在仍不断完善,为企业融资提供更多元化的平台。

在这个阶段，随着金融改革的推进，更多企业能通过股权融资和发债融资等方式筹集资金。在信贷支持下，小微企业融资难的问题也能有所缓解。截至 2017 年 12 月，新三板市场和区域股权市场的挂牌公司数分别为 11630 家和 74718 家；未到期企业债和公司债共 7263 只，余额 81276.7 亿元。

此外，实体企业灵活地利用已有的金融资源，不断创新产融结合的方式，使金融更好地服务于企业与社会，缓解产融错配问题。与上一阶段相比，产融协同得到了进一步的发展和深化。除了向银行、券商、保险等金融机构注入资本外，许多企业结合自身发展战略选择设立互联网供应链金融平台、产业基金、融资租赁平台、消费金融公司进行产业股权投资，实行海外融资等一系列创新性的产融协同方式，实现产业布局的升级和优化，提高企业整体竞争力。例如，在互联网金融的发展背景下，海尔集团发展了基于电子商务平台的互联网供应链金融，利用集团的信用和资源，通过其旗下的金融机构或与商业银行合作等方式为上下游企业提供融资服务，这对集团乃至行业都发挥了重要的作用。又如，天士力控股集团设立了市场化 VC、PE 基金，不仅为股东创造高的投资收益，更重要的是，其投资与企业的产业战略关联密切，对企业的创新发展有重要作用。不能忽略的是，产业资本进入金融领域也促进了金融市场的完善、金融机构的专业化发展，提高了金融资本的效率。概括地说，企业充分利用金融资源对企业的战略发展、金融市场的完善以及产业的不断创新均具有重要作用，产融协同发展是有效率的发展模式。

因此，在 2013 年至今这个阶段，尽管产融错配问题显现，但金融改革和企业的不断创新将能缓解问题，推动"产"与"融"协同发展。

参考文献

逢金玉：《金融服务实体经济解析》，《管理世界》2012 年第 5 期。

李扬：《"金融服务实体经济"辨》，《经济研究》2017 年第 6 期。

孙源：《我国企业集团产融结合的有效性研究》，西南财经大学博士学位论文，2012。

王文：《金融服务实体经济为何难》，《中国金融》2014 年第 12 期。

《我国企业集团内的第一个金融机构——东风汽车工业财务公司》，《中国金融》1988 年第 5 期。

资金脱实向虚的问题和原因

近年来，由于实体经济中的企业盈利日渐微薄，房地产资产价格不断高企，资产价格上涨迅速，金融发展逐渐脱离实体经济。2014 年 7 月，我国政府首次明确资本市场存在"脱实向虚"现象，要求银行信贷资金能"脱虚入实"，回到实体经济中去。尽管货币供应量不断扩大，宽松的货币并未从金融系统进入实体经济中。本部分分析脱实向虚的存在原因、表现方式和影响路径，讨论资金脱实向虚的实际情况。

一　资金脱实向虚的原因探讨

资金脱实向虚有以下三个失衡现象：货币发行与经济发展失衡、金融发展与投资回报失衡、资产与商品价格失衡。

一是货币增长常年保持高位运行，经济发展速度却不断下降并且还在减慢。尤其是 2009 年后，我国货币发行增速不断走高并且保持高速发展。2009 年以来，我国货币总量增速不断扩大，达到 27% 之多。此外，广义货币总量（M2）增速与居民物价指数

（CPI）和国民收入增速呈现高达18%以上的背离现象。数据显示，我国2015年末M2/GDP比值超过200%，大幅高于2005～2014年的平均值170%，也大幅高于美日韩（美国70%、日本184%、韩国164%）等国数值。但好在2016年资金"脱实向虚"程度略有缓解，M2增速与GDP增速、CPI涨幅之差从2015年末的5个百分点下降至2016年上半年的3个百分点。额外单位社会融资对GDP拉动作用也在2013年后首次好转。

二是金融资产价值不断增长甚至出现过热现象，但投资回报不断创新低。2007年后，我国金融市场经历了一轮快速发展，金融市场资产总量不断攀升，市场深度也不断扩展。截至2016年末，我国银行、保险、证券三大行业资产总额达到252万亿元，其中银行总资产达到232万亿元，相比2015年末增长15.7%，保险业总资产达到15.11万亿元，同比增长22.2%。

证券行业总资产达到4.37万亿元。三大行业资产总额是2007年总额的近5倍。此外，截至2017年6月底，P2P行业社会贷款余额达到10449亿元，历史上第一次突破万亿元关口。与此同时，截至2017年6月底，余额宝规模已经达到1.4万亿元，半年间暴涨77%。互联网金融资产总额正以更快的速度不断增长，有望成为一个崭新的金融市场。相比之下，近年来投资效率不断降低，单位报酬所需要的单位资本不断攀升。2007后，单位投资收益所需资本明显上升，每单位投资收益所需资本从2007年的4上升到2016年的7.4。与此同时，与2005年相比，中国固定资产投资总量/固定资本形成总量的相对比值不断扩大，2016年末该比值已经上升到1.6倍。相比之下，美国2016年与2005年这两组数据基本相同。这表明资本形成与资本产出效率并未因为金融发展得到有效提升。

三是资产价格大幅上涨，但商品价格始终保持低迷甚至下降。截至 2016 年 5 月，中国百城样本商品房销售单价为 11662 元/平方米，同比增长 10.3%，相比 2006 年上涨了 4 倍，2006~2013 年房价平均上涨 8.2%。而 2015 年 CPI 上涨 2%，2006~2015 年年均仅上涨 3%。

二 资金脱实向虚的实际路径及可能影响

资金从金融市场流向实体经济的过程中，可能存在以下两种路径：一种是资金留在信贷或者金融市场中空转，或套利或拉长资金流通链条，提高融资成本，导致实体经济融资困难；另一种是资本流入实体经济中存在资源错配，金融资本过度流入房地产等行业而不流入制造业。

值得关注的是，大量资本介入金融、房地产等领域进行投资套利。资料显示，国资委分管的 128 家央企中，超过七成企业经营房地产，除保利、远洋、华润、中房等以房地产为主的 16 家央企外，80 多家央企涉足房地产。同时，大批实体企业介入银行、保险、信托、证券、基金、P2P 等金融行业。数据显示，2012 年国资委分管的 117 家央企中有 90 余家涉及金融业，占比达到 75%。此外，上市企业更多依赖金融收入等非主营业务收入。有数据显示，2008 年以来，上市非金融公司主营业务净收入占净利润的平均值从 98% 降至 80%。有"家电之王"之誉的苏泊尔和服装巨头雅戈尔等传统制造业龙头转型房地产投资是典型的案例。

资金脱实向虚有以下可能的影响。第一，资金脱实向虚加剧收入和贫富差距，货币政策产生了贫富之间的不对称传导，在金融媒介作用下，富人不断累积的储蓄增速超过 GDP 发展速度。富人与穷人的财富差距将远远超过收入差距。譬如，美国的实体经济在2008 年重挫之后发展迟缓，但是美国金融市场上股票一路向上，屡创新高。第二，长期的资金脱实向虚将产生扭曲的"肿瘤媒介"，一线住房市场就在过去充当了"肿瘤媒介"的角色。扭曲的供地政策、不足的城市服务承载能力使通过限购限贷、限制人口流入等行政性手段来控制房价显得捉襟见肘，长期的制度扭曲导致房地产行业存在无风险套利空间的长期存在，如果光靠"堵"是很难解决问题的。正因为如此，房地产行业像肿瘤一样无限吸收营养、与正常细胞抢夺金融资源，造成资金错配。过多的社会资金流向金融和房地产，将挤压实体经济的发展空间，造成经济结构扭曲。第三，社会资金脱实向虚可能造成系统性金融风险，带来经济危机。由于信息不对称，银行更愿意接受房地产作为信贷抵押物，从而导致信贷规模和房地产之间呈现螺旋向上周期。这种周期通常会在利率极低时更加明显，具体体现为权益类资产，如房地产、证券、银行、信托、股权等资产价格的暴涨。在这十几年中，我们看到欧元区如希腊等国家缺少实质性的独立央行导致国家主权信用危机，其背后实际上是信贷和房地产泡沫的破裂。2013 年，美国金融市场的信贷规模自 2008 年次贷危机后重新向上，这反映了美国经济复苏开始。但是，信贷规模增大的幅度有限，这是美国实体经济不振、物价低迷和美联储政策调整的反映。中国在这次金融周期中已经积累了大量的信贷和房地产风险，如何安全地释放风险，防范系统性金融危机，实现信贷风险软着陆，关系我国经济发展和国家的千年大计。

三 产业资金脱实向虚的原因

（一）避险成为企业首要选择

企业金融风险的根本原因是企业在金融活动中的不确定性，属于企业经营中的长期风险。金融风险日益突出的原因在于经济主体风险多元化和实体经济供需失衡。

在转型时期，我国不少企业尚未形成有效的公司治理和内部控制机制，多元化经营带来众多财务风险。在没有经过科学论证的情况下，部分大型企业盲目进入其原有经营业务之外的领域，追求所谓的多元化、求全求大，结果可能导致财务困境，甚至破产倒闭。

经济机制发生变化，供求不能平衡发展。当前，我国许多行业产能过剩。据统计，我国只有5%的商品供不应求，30%的商品供求平衡，剩下的65%供大于求。在经济放缓所带来的经营压力下，企业更多倾向于加快短期资金周转来避险。例如，央企和大型国企虽然容易获得资金，但由于缺乏可盈利的投资机会，也只能资金空转，或持币观望，或再以短期存款形式存回银行。企业信贷需求的放缓和现金储备需求的增加，与当前经济和行业经营环境密切相关。营商环境不佳，企业经营所需资金量下滑，追加投资的需求也在下滑；相应地，银行信贷量出现减少。

（二）追逐短期利润的需要

2008年国际金融危机后，我国国有企业由于资金逐利的天性大量参与影子银行。虽然这些企业自身业务投资机会欠佳,却能够从国有商业银行体系中借出大量资金,而且成本较低,倘若再次转手以相对高息借出,则可从中渔利。资金没有真正进入生产投资里。在需求不振的背景下,我国很多企业产能过剩、库存过高,这时候投资意愿较低。金融脆弱性理论指出,虚拟经济有追逐高利润和自我膨胀的内在冲动,资本天生具有逐利的属性。

Wind 数据统计显示,有约 430 家上市公司将"闲置"资金用于购买理财产品,涉及金额近 2000 亿元。部分上市公司购买理财产品的资金,大多来源于自有闲置资金和超募资金,理财产品预期年化收益率在 5% ~ 6%,远高于银行一年定期存款利率。虽然上市公司购买银行理财并没有触碰法律底线,但公司在努力上市后,并未将融得的资金用于发展自身主业,而是"脱实向虚",去追逐短期利润。

(三) 多重压力,实体经营困难

自 2008 年国际金融危机以来,全球经济增长缓慢,甚至时而出现停滞。不少大宗商品,如铁矿石、铜、铝、钢铁等,在全球范围内出现严重产能过剩。为提振国内经济,一些主要发达国家重拾贸易保护主义。以英国脱欧为代表的逆全球化暗流涌动,正常的国际资金跨境流动受到影响,资金纷纷在国内逐利。一段时间以来,我国企业产销增长连续下滑,价格持续下跌,去库存化仍在继续,实体经济各行业发展普遍存在原料成本上升、税收负担过重、信贷资金紧张、企业利润率下滑和外部环境恶化等诸多问题。在供给侧改革有效启动之前,我国实体经济发展乏力,工业原料和消费品销量减少,出口萎缩,企业税负较重,失业人群逐步增加。由于技术革命的变化，未来市场需求难呈强势，产品价格下降压力依然较大，投资计划增长滞缓，投资者对企业盈利倾向于谨慎悲观。

我国经济运行进入新常态，部分产能过剩，经济结构性矛盾突出，实体经济投资回报率较低。在流动性陷阱中，实体经济的企业资本缩水与市场资产泡沫并存，货币超发与企业效益下滑交替，金融发展与全社会投资效率脱节。由于实体经济赢利艰难，众多企业资金"脱实向虚"，产业资金进入虚拟经济，金融资本退出实体经济。

四　资金空转的问题和原因

资金空转是影响中国实体经济发展的严峻问题。本部分研究和分析了资金空转的表现形式、资金空转产生的原因、资金空转对经济的危害以及我国存在的资金空转的问题。研究发现，我国目前存在资金空转现象，并且资金空转背离了产融协同发展的目标，抑制了我国经济的增长，所以需要采取适当的措施来遏制资金空转问题。

（一）什么是资金空转

经济体系中存在金融类企业和非金融类企业。只有这两类企业相互协同发展，才能实现经济的稳步增长。

一般来说，非金融类企业通过直接或者间接融资而获得货币资本，通过投资将货币资本转化为产业资本，然后利用产业资本进行商品生产和劳务提供。实体企业在产业资本的运作中产生利润，获得资本的增值，并将其中的一部分分配给金融类企业。与此相反，资金空转是指货币资本难以转化或者没有转化成产业资本，而是在金融体系内部流动。资金空转不但包括不经过产业过程、始终以货币资本的形态在金融体系内部自我循环，而且包括货币资本在转化为生产资本或商品的过程中的阻滞和缓流。[①]

（二）资金空转是如何运作的

1. 银行体系内的资金空转

商业银行是我国金融体系的重要组成部分，融通着资金和资本，服务着实体经济。商业银行的主要业务是存贷款业务，因此息差收入是商业银行利润的重要组成部分。随着经济的发展，商业银行业务范围不断扩大，与此同时，银行业通过各种"金融创新"产品导致资金在银行体系内部空转，这种不健康的发展偏离了金融和实体经济协同发展的目标。具体而言，商业银行体系内的资金空转主要有四种形式，分别为同业空转、票据空转、信贷空转和理财空转。

同业空转。银行的同业业务主要是指商业银行之间或者商业银行与其他金融机构之间的资金融通。同业空转主要有两种类型，一种是同业通道型，主要是对接非标资产。[②] 非标资产即非标准化债权资产，是指未在银行间市场及证券交易所市场交易的债权性资产，包括但不限于信贷资产、信托贷款、委托债权、承兑汇票、信用证、应收账款、各类受（收）益权、带回购条款的股权性融资等。例如，A 银行为了将资金投入非标资产，利用 B 银行为 A 银行提供的通道，由 B 银行将资金融入信托机构，信托机构再将资金投入非标资产，而在该业务中 A 银行属于同业业务，资产负债表中体现为买入返售金融资产。另一种是同业直融直投型，即银行

① 耿同劲：《资金空转：形式、原因及防范》，《贵州社会科学》2014 年第 4 期。
② 韩复龄：《严管资金空转》，《中国经济报告》2017 年第 9 期。

通过卖出回购、同业存放等方式吸收资金，并用于投资理财产品、资管计划等，放大杠杆，赚取收益。[①] 例如，A 银行将自营资金通过同业存放业务存入 B 银行，而 B 银行将 A 银行同业存放资金投入理财产品中，赚取中间利差，资金却在银行体系内空转。

票据空转。票据空转的典型表现为企业在银行存入保证金，然后开出银行承兑汇票，通过未真实存在的贸易关系向关联方转移银行承兑汇票，再向另一家银行贴现获得资金后将贴现所得资金再次存入银行作为保证金开出银行承兑汇票，并再将开出的银行承兑汇票贴现，如此循环往复的开票和兑票。[②] 例如，在保证金为 50% 的情况下，企业存入 500 万元的资金可以在银行开出 1000 万元银行承兑汇票，再将此银行承兑汇票经过虚假贸易关系转移给关联方，然后到银行进行贴现，扣除贴现费用后，企业将获得的 970 万元存入银行开出 1940 万元银行承兑汇票。在这种操作下，货币资本始终在银行体系空转没有流入生产领域，票据规模和金额却不断增长，银行风险增加。在此过程中银行体系内增加了 1470 万元的存款，银行放贷能力增强，同时银行在贴现业务中也获得了一定的收益。

信贷空转。一是贷款置换，具体包括表内自营贷款置换他行表内贷款和表内贷款置换他行表外融资等方式，这类置换多被用于企业借新债还旧债，而未被真正投入生产领域中。[③] 例如，甲公司对 A 银行负债 500 万元，当这 500 万元贷款到期后，甲公司又从 B 银行贷款 500 万元用来偿还 A 银行的贷款。在这种情况下，其本质是用 A 银行的贷款置换了 B 银行的贷款，而甲公司的贷款并没有

---

① 韩复龄：《严管资金空转》，《中国经济报告》2017 年第 9 期。
② 耿同劲：《资金空转：形式、原因及防范》，《贵州社会科学》2014 年第 4 期。
③ 许珊珊：《银行资金"空转"需重视》，《中国金融》2016 年第 8 期。

运用到生产中去，公司的经营风险也没有得到有效反映。二是贷款被挪用，这类问题主要集中在过度授信的集团企业和个人信用贷款中，他们获得贷款后将部分信贷资金挪用于委托贷款、理财信托投资，甚至投资于股票市场。① 例如，甲公司以 4% 的利率从 A 银行贷款 500 万元，然后利用这 500 万元在 B 银行进行委托贷款，此过程并没有使资金资本流入生产领域，而是在银行体系内空转。三是违规放贷，主要包括两种形式。一是银行违规放大杠杆，向小贷公司融资比例超过标准，甚至与小贷公司合作为企业提供"过桥贷款"，资金经过银行、小贷公司、企业之后，又回流到银行体系内。二是个别银行存在内部人员和外部人员相互勾结，利用职务上的便利套取银行资金后进行民间借贷。②

理财空转，主要有三种形式。第一种是银行超比例运用理财资金购买非标资产。例如，在严格的监管之下，甲银行无法投资非标资产，所以其通过信托机构将资金投资于票据资产，这样银行就可以绕过监管过度投资。第二种是银行运用理财资金购买他行的理财产品。例如，甲银行资金管理能力不强，因此利用本行的非保本理财产品资金购买乙银行的收益更高的非保本理财产品，使资金没有流入实体经济，始终在银行体系内空转。第三种是银行理财资金过度投资二级市场，增加银行风险。例如，银行将理财资金投向债券市场，银行过多的资金流入债券市场，促使债券价格上升，银行也因此承受更高的风险。③

2. 非金融类企业募集资金的空转

非金融类企业募集资金的空转表现为资金从实体企业向金融系

---

① 韩复龄：《严管资金空转》，《中国经济报告》2017 年第 9 期。
② 许珊珊：《银行资金"空转"需重视》，《中国金融》2016 年第 8 期。
③ 韩复龄：《严管资金空转》，《中国经济报告》2017 年第 9 期。

统回流的过程，主要是指实体企业资金过度投资理财产品。非金融类企业是我国实体经济的组成部分，是经济发展的主要力量，而金融类企业则是服务于实体经济，为实体企业提供资金融通，使其能够更好地获得货币资本，从而进行产业资本投资。非金融类企业通过直接融资或者间接融资获得短期或者长期资金，理应进行生产资本投资，扩大生产规模，实则不然，一部分上市公司不深耕主营业务，而是将闲置的自有、募集或者超募集资金投向理财产品。[①]

根据规定，上市公司可以对暂时闲置的募集资金进行现金管理，其投资的产品须符合以下条件：安全性高，满足保本要求，产品发行主体能够提供保本承诺；流动性好，不得影响募集资金投资计划正常进行（《上海证券交易所上市公司募集资金管理办法（2013 年修订）》）。这就是说，非金融类企业并不是不能进行证券和理财产品投资，而是应该在合理的范围内进行投资。对于周期性企业来说，在某一段时期扩大生产反而会导致供给过剩，影响企业效益，那么短期投资于金融产品降低企业的机会成本也是一个合理的选择。但是，企业利用制度漏洞，进行大规模金融投资，这就偏离了公司的主营业务，公司也因此承受更大的风险，同时也使资金从企业流向金融机构，形成资金的空转，背离了金融服务实体经济的目标。

3. 影子银行资金的空转

影子银行在我国广泛存在。之所以称它为"影子银行"，是因为其并不吸收存款，却发挥着金融中介的部分功能，从事着类似银行的业务，处在正常的银行监管体系之外。影子银行不仅包括银行体系内的理财产品和信托贷款，而且还包括民间借贷的小额贷款公

---

① 朱凯：《上市公司募投资金切莫空转》，《证券时报》2015 年 11 月 19 日。

司和担保公司等。

影子银行的资金空转是指资金通过影子银行体系，经过多个环节，流入房地产和其他领域。一方面，影子银行使融资链加长，资金成本提高；另一方面，影子银行处于正常的监管体系之外，资金并不完全流向实体经济。[①] 譬如，小额贷款公司的资金大多来源于银行或者国有企业的银行贷款，企业通过小额贷款公司进行融资是银行的变相贷款。只是拉长了银行信贷的融资链，甚至使资金回流金融体系，加剧了资金在金融体系内部的空转。

（三）什么原因导致了资金的空转

我们认为，资金空转问题的产生主要源于银行利差收入的减少和监管的缺位。正是这两大原因导致了资金没有流入或者没有直接流入实体经济，而是在金融体系内进行着未能服务实体经济的空转。

1. 银行体系净息差收窄趋势明显，"金融创新"产品套利兴起

我国货币政策面趋于收紧，使以银行为主的金融机构表外资产扩张与非标投融资通道膨胀。传统的银行体系净息差不断收窄，净利息收入开始降低，只有通过扩张其他非传统方式来增加营业收入与利润来源。

从央行统计数据分析，2014 年以来，由于央行不断降准降息，而且实现利率市场化，银行业的净息差逐渐收窄。如图 1 所示，截至 2017 年中期，我国银行业净息差从 2013 年的 2.57% ~ 2.68% 下行至 2.03% ~ 2.05%，下行幅度超过 20%。如图 2 所示，在银行营业收入中，银行非息收入发生明显的变化，呈现波动上升的趋

---

① 耿同劲：《资金空转：形式、原因及防范》，《贵州社会科学》2014 年第 4 期。

势。2013 年银行非息收入占营业收入的比重在 21. 15% ~ 23.84%
区间，而到 2017 年已上升至 24. 84% ~ 26. 84% 区间；相应地，银
行净利息收入占总收入的比重开始逐步下降。

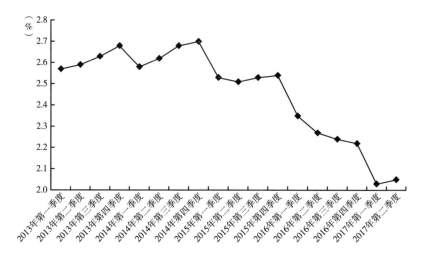

图 1　银行净息差

资料来源：中国人民银行。

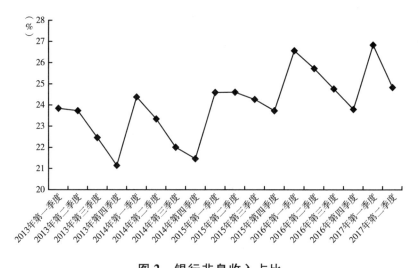

图 2　银行非息收入占比

资料来源：中国人民银行。

因此，银行利息净收入不断下降，为了保持营收和利润的稳定，银行开始各种"金融创新"，开发高收益理财产品赚取中间业务收入来增加营业收入和利润。正是在银行的各种"金融创新"中，资金在银行体系内部空转，迟迟无法进入实体经济，货币资本不能实现增值，银行体系内部风险加剧。

2. 金融体系不完善与监管缺位，导致资金空转不断演进

金融体系风险控制管理的缺位，致使金融机构通过各种方式投资于加杠杆、加风险、加久期的高风险资产，而资金也正是在金融机构的投资中进行空转。如图 3 所示，我国自 2009 年以来，资金空转规模不断扩大，资金空转系数不断走高。

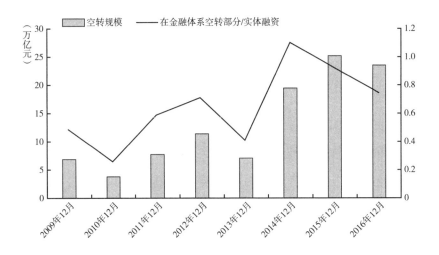

图 3　我国金融体系 2009～2016 年资金空转情况

注：计算方法：资金空转规模＝资管 AUM 增量＋银行负债增量－表内理财增量－调整后新增社融；空转系数＝资金空转规模/调整后社融。

资料来源：申万宏源研究报告。

从图 3 中可以看出，金融体系内的资金空转规模和空转系数经过了数次的上升和下降的变化。货币政策和监管制度的变化带来空转的变化。2010 年以前，空转规模和空转系数并没有出现太高的情况，此时占据社会融资主导地位的始终是银行贷款。而 2010 ~ 2012 年，由于货币政策收紧，银行体系的表外业务扩张，资金空转规模和系数都随之上升。到了 2013 年，银监会"8 号文"发布，强化了对银行理财投资非标业务的规范，银行通过信托通道投向非标的业务受到很大限制，资金空转规模和系数也因此下降。2014 年由于基金子公司通道和券商通道打开，银行有了新的通道继续扩张投资非标资产，资金空转规模迅速上升，而资金空转系数上升之后又呈现下降趋势，主要是因为企业获得的贷款没有投资于产业资本，而是购买理财产品，加剧了资金的空转。可以看出，正是由于监管缺位，金融机构和企业资金通过各种通道赚取收益，导致了金融体系内和企业资金的空转。

（四）资金空转对经济增长的危害

1. 资金空转使企业融资难、融资贵问题凸显

货币资本通过各种形式的资金空转滞留在金融机构中，没有流向实体经济，当整个经济体系中的货币总量保持不变时，保留在金融体系中的资金越多，实体经济获得的货币总量就越少。在实体经济的融资需求无法得到满足的情况下，实体企业为了获得货币资金，就不得不寻找新的办法和付出更高的资金成本来融资，从而产生了融资难和融资贵的问题。

同时，资金的空转使资金融通的链条变长。因为在资金链上的各方都想获得一定的收益，所以整个资金链的成本也会随之上升。例如，A 将 500 万元的资金投资于甲银行理财产品，要求的回报率为 5%；甲银行将该笔资金用于投资时必然要求高于 5% 的回报率，所以又将该笔资金投资于乙银行的理财产品，要求的回报率为6%；乙银行将该笔资金投资于丙公司发行的债券，那么其要求的回报率必然高于6%；企业就要支付高于6%的融资成本才能获得资金，这就导致企业的融资成本上升。

2. 资金空转背离产融协同发展，抑制经济增长

我国经济的增长要依赖实体经济的增长。实体经济只有通过产业资本运作获得利润，才能补偿货币资本的财务成本。然而，当前实体经济因为需求、产能、税收等众多因素，利润不足，难以弥补财务成本。大量产业资本进入金融体系，通过击鼓传花式的资金空转获得暂时的资本回报。而资金空转的过程不断推高资本成本，拉长资金流向实体经济的链条，让实体经济中需要资金的企业出现严峻的融资难和融资贵问题。这样，进一步导致实体经济增长乏力。

长期来看，资金仅在金融体系内部转来转去，是无法产生最终的资本增值的。只有将其投向产业资本，在产业资本取得收益后才能将一部分利润分配给金融机构，因此金融机构的长期发展最终依赖于实体经济。如果货币资本在金融机构的空转，实体经济的投资总量就会受到抑制，整个经济体系中资本的增加值就会越小，投资因此而受到抑制，经济增长就会变得越发缓慢。最终，可以带来金融资本和产业资本先后的崩盘。

（五）我国资金空转问题分析

从我国宏观经济的整体发展来看，M2 的增速始终高于 GDP 的与 CPI 增速之和，这说明我国增长的货币资金并没有完全投入实体经济中，存在金融体系吸纳资金和资金空转现象。但是，从 2016

年第一季度 M2 的增速与 GDP 增速和 CPI 增速之和的差距不断缩小，说明资金正在逐步流向实体经济（见图 4）。

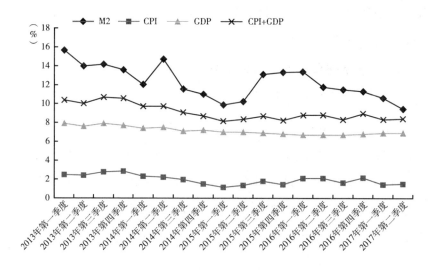

图 4　我国货币增长率与经济增长率

资料来源：IMF 数据库和国家统计局。

图 5 从银行业数据进行分析。在我国五大行（中国工商银行、中国建设银行、中国银行、中国农业银行和交通银行）中，除交通银行同业存放资金在 2000 亿元左右波动，其他银行同业存放资金均超过 2000 亿元。截至 2017 年 9 月 30 日，中国银行的同业存放资金规模最大，达到 5165.1 亿元，占总资产比例为 3.01%（见图 6）。从 2015 年第一季度到 2017 年第三季度，从银行同业存放资金的绝对数和相对数来看，中国工商银行同业存放资金呈现增长趋势，中国建设银行和中国农业银行从 2015 年第二季度开始回落，中国银行和交通银行呈现波动趋势。2017 年第三季度末，五大行同业存放资金达到了 1.43 万亿元，金额庞大。这意味着，我国银行体系内存在严重的资金空转现象。

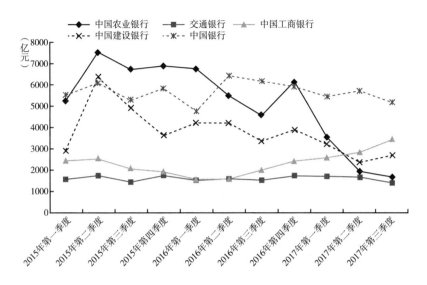

图5 五大银行同业存放资金

资料来源：Wind 数据库。

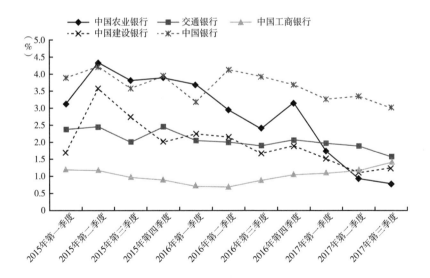

图6 五大银行同业存放资金占总资产比例

资料来源：Wind 数据库。

五　资产泡沫问题原因分析

资金空转带来资金成本上升，带来实体经济的走弱。企业的低投资回报率进而带来产业资本的脱实向虚，资金流向虚拟经济。金融资本不断在资本市场空转循环，银行杠杆配资、存单套利等风险偏好提升，过多资金涌入资本市场，容易产生资产泡沫。在货币超发背景下，资产泡沫可能迅速膨胀，形成可能的系统性金融风险。我们认为，产融脱节是资金空转和资产泡沫产生的根本原因。我们需要探索产融协同的发展新模式。下文分析资产泡沫的成因和应对之道。

（一）金融体系内资金套利助推资金成本上升

我国产融关系存在两大矛盾，一是我国实体经济资产报酬率下降与资本要求回报率之间的矛盾，二是我国日益增长的实体经济多层次融资需求和金融发展的不完备之间的矛盾。在这两大矛盾的影响下，资金在金融体系内多个机构之间流转，没有流入或者延缓流入实体经济，在金融体系"体内循环"，从而不断加价，推高了资产泡沫。

利率市场化带来了商业银行利息收入的下滑和市场营利动机的增强。2014 年以来，五大行计息负债成本维持在 1.7% ~2% 的水平，与此同时，股份行与城商行计息负债成本则从 3.2% ~3.3% 不断下降至 2.2% ~2.3% 的水平。在这种计息负债成本之下，由于资产端的贷款利率与债券收益率在同步下滑，且存款利率下行幅度低于资产端收益率，上市银行的净息差明显缩窄。截至 2016 年上半年，根据各类主要银行发布的财务报表，我国五大行净息差从 2014 年的 2.4% ~ 2.5% 下行至 2% ~ 2.1%，股份行和城商行则从 2014 年的 2.3% 下行至 2.1% 左右（见图 7）。随着传统银行利息净收入的主营业务营收不断下降，银行通过开发高收益理财产品吸引居民投资者，赚取中间业务收入，提高银行自身营收水平。在高收益资产的营收刺激下，银行风险偏好明显上升。同时，为了绕开贷存比、风险资本占用等监管，非银通道和产品嵌套等各种形式的套利兴起。

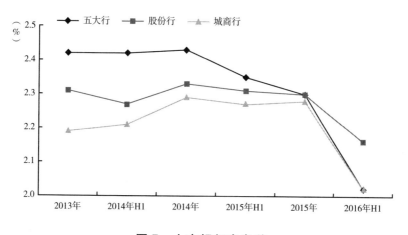

图 7 上市银行净息差

资料来源：Wind，海通证券研究所。

经过测算可以发现，主要上市银行营业收入中，利息净收入、手续费及佣金净收入和其他收入的占比构成发生明显的变化，如图 8 所示。2012 年银行利息净收入占营业收入的比重在 78% 左右，2016 年中报已下滑至 66%；而手续费及佣金净收入的比重从 2012 年的 17% 上升至 2016 年的 23%。其他收入占比也从 3.6% 上升至 10% 以上。

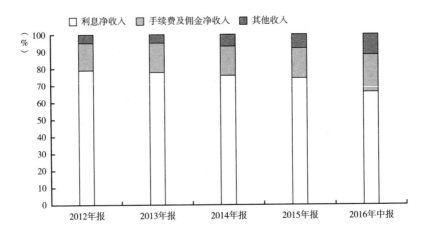

图8 上市银行各类收入占比

资料来源：Wind，海通证券研究所。

（二）实体经济低投资回报率助推脱实向虚

2008年以来，由于国内外经济形势的变化，驱动经济的"三驾马车"增速出现持续回落，并不断引发市场悲观预期。国家统计局数据显示，2017年1~8月，国内固定资产投资累计同比增长7.8%，增速较前7个月低0.5个百分点，增速逐渐下滑。与此同时，国家海关总署数据显示，2017年1~8月，中国进出口贸易累计同比增长11.6%，增速较前7个月回落0.7个百分点，增速下滑同样有所加快。此外，一直保持强劲的消费也开始转弱。统计局数据显示，2017年1~8月，国内全社会消费品零售总额累计同比增长10.4%，增速与前7个月持平，但8月社会消费品零售总额增长10.1%，增速较7月回落0.3个百分点，为连续第二个月单月增速回落。经济先行指标工业增速的持续回落进一步加剧了市场对实体经济的悲观预期。国家统计局数据显示，2017年1~8月，工业增加值累计同比增长 6.7%，增速较前 7 个月下降 0.1 个百分点，连续两个月累计增速回落。其中，8 月工业增加值同比增长 6%，增速较 7 月回落 0.4 个百分点，同样为连续两个月回落。

在实体经济效益持续下滑的大背景下，银行从风控的角度并不倾向于对实体经济增加信贷支持，反而更加青睐于表外业务。2013 年上半年，社会融资新增信托贷款和委托贷款总额达到 2.35 万亿元，相当于 2012 年全年新增量。银行理财对接非标资产，规模迅速扩张，非标资产能够提供 8%～10% 甚至更高的收益，为 5% 左右的理财要求收益提供了支撑。这些非标资产包括但不限于信贷资产、信托贷款、委托债权、承兑汇票、信用证、应收账款、各类受（收）益权、带回购条款的股权型融资等。非标资产与标准化资产相比，呈现透明度低、形式灵活、流动性差、收益相对较高等特点，规模体量巨大。

面对非标资产的高收益，银行不断利用资金购置非标资产，套利方式不仅包括表外理财直接配置，也包括表内同业资产套利。这些金融体系内的套利行为进一步助推社会资金使用成本的上升，实体经济企业的资金成本也随之上升。同时，非标资产的高风险意味着高收益的可持续性有限。

（三）银行杠杆配资、存单套利等风险偏好提升

在 2015 年上半年我国 A 股牛市之时，银行参与了证券公司的融资和民间机构的配资，获得了高收益，但是由于银行资金的涌入，股市迅速暴涨。此后，股市崩盘，一度形成了系统性的高风险。当时，我国商业银行大量进行类固收产品的售卖。类固收产品，是指与固定收益（即存款和债券类产品）相似的收益稳定的

理财产品，虽然根据《商业银行法》不可承诺保本保收益，但是实际在进行保本保收益。这给我国的商业银行带来了刚性兑付问题，产生了严峻的系统风险。为了兑现相对刚性的收益回报，银行资金开始通过结构化产品的优先级、两融收益权、打新基金等多种方式参与股市，这迅速导致我国当年股市的泡沫化。

经过测算发现，银行相关系统进入股票市场的资金在 2015 年股灾前夕不低于 1 万亿元。2015 年，伞形信托与结构化信托规模就已经达到 5000 亿元的规模，两融收益权余额也达到 1500 亿元的规模，而打新基金则有 1000 亿元左右，另外基金专户以及资管计划的结构化产品市场规模在 3000 亿元左右。这些资金主要来源于银行类固收理财产品。

在银行类固收理财产品和其他渠道支援下，新增资金不断涌进股市，杠杆投资愈演愈烈，逐渐催生了股市泡沫。当中央管理加强审慎管理与监控时，"股市泡沫"随之被击穿。由于股市大幅异常波动，风险敞口明显放大，银行理财资金在 2016 年从股市退出转而大量流进债市。

由于债市的回报相对较低，银行从拓展表外利率市场化的理财市场转向发展表内利率市场化的存款市场，净息差进一步收窄。这样，银行需要迅速扩张规模和获得高收益项目，同业业务开始取代理财业务，成为银行营利的战略首选。具体而言，国内中小型商业银行主要依靠同业存单大幅扩张业务规模，并在资产端配置大幅同业理财以及债券委托非银机构投资；国有大型商业银行主要凭借央行通过流动性工具给予的低成本资金，运用出借资金、购买存单等方式转移超储，主动分享中小行通过理财和委外获得的收益，形成 2016 年的"同业存单套利模式"（见图 9）；部分激进的中小行，甚至一边发行同业存单，一边在资产端购买收益率更高的同业存单，并质押加杠杆增加收益。

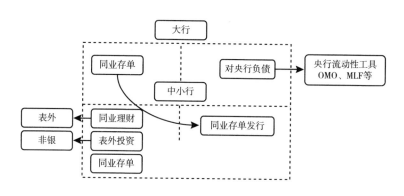

图 9　同业存单套利链条

综上所述，我国银行通过理财业务和同业业务来获取竞争优势，但是这带来信用的非实体扩张，推升了房地产和股票等资产价格，也带来了非金融企业和居民部门的加杠杆问题，这难以持续，可能诱发金融风暴和经济危机。

综合以上分析，产融脱节是导致我国资产泡沫问题频发的重要原因。产融脱节意味资金脱实向虚，金融体系内出现资金空转、击鼓传花，不断推高资产价格，形成资产泡沫。产融脱节带来的资产泡沫是难以长期持续的，随着实体经济盈利的进一步萎缩，会出现"庞氏融资"，走向"明斯基时刻"，形成金融市场的崩盘和实体经济的危机。所以，产融脱节的资产泡沫问题必须防范。

要从根本上解决资产泡沫问题，需要"脱虚入实"，引导资金服务实体经济，实现产融协同。产融协同可以通过产业与金融的结合，提高产业及集团的整体竞争力，通过实体经济的高收益来降低金融行业的高杠杆高风险性。因此，规划并逐步通过渠道、信息、技术、服务等的有机融合，实现产业与金融之间的业务协同、资本协同、战略协同也是产融模式发展中需时时关注的要点。

参考文献

《资金"脱实向虚"的表现、成因及治理》，和讯网，2016 年 9 月 30 日。

耿同劲：《资金空转：形式、原因及防范》，《贵州社会科学》2014 年第 4 期。

许姗姗：《银行资金"空转"需重视》，《中国金融》2016 年第 8 期。

韩复龄：《严管资金空转》，《中国经济报告》2017 年第 9 期。

朱凯：《上市公司募投资金切莫空转》，《证券时报》2015 年 11 月 19 日。

商业银行的监管与改革

一　优化商业银行监管

我国产融脱节的问题是我国商业银行监管不足的结果，也是我国商业银行体系构建存弊的结果。本报告总结我国商业银行监管现状，明确现有的商业银行监管问题，提出差异化的监管改革建议。首先，以 2013 年 6 月"钱荒"事件为例，从监管层面来剖析监管部门对商业银行监管的琐碎问题，并提出相应政策建议；其次，从商业银行的同业业务、理财产品和影子银行业务这三个层面，指出商业银行在服务实体经济中的监管缺失问题，并提出相应的改革建议。

（一）商业银行监管现状

我国对商业银行的监管模式最初是由 2003 年中国银行业监督管理委员会成立之后逐步建立起来的，即商业银行除了受银监会的监管以外，还要接受来自中国人民银行和国家发改委、审计署、财政部等部门的监管，此外也要接受来自行业自律组织银行业协会的监管。发展至今已经由之前的"一行三会"的分业监管模式逐步向混业监管过渡，2017 年 7 月 14 ~ 15 日，在北京召开的全国金融工作会议提出，设立国务院金融稳定发展委员会，强化中国人民银行宏观调控和维持金融市场稳健运行的职责。2018 年 3 月 13 日国务院发布的机构改革方案指出，将银监会和保监会合并，组建中国银行保险监督管理委员会，作为国务院直属事业单位，统一监管银行业和保险业。截至目前，我国银保监会已经正式挂牌，我国将迎来"一委一行两会"的全新监管格局。商业银行监管模式如图 1 所示。

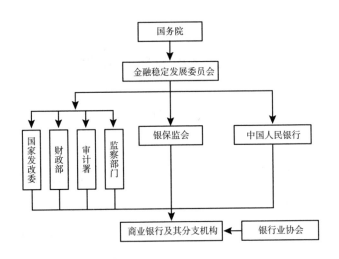

图 1　商业银行监管模式

其中金融稳定发展委员会的设立和银监会、保监会的合并，是我国推进金融业监管协调的第一步，这一改进将在一定程度上避免监管漏洞和监管重叠。中国银行保险监督管理委员会（银保监会）是国务院直属的正部级单位，主要负责对全国银行业金融机构及其业务活动的监督管理工作。在原来的银监会成立之后，虽然中国人民银行对银行业的监管职能被分离给了银监会，自身主要履行货币

政策的职能，但《中国人民银行法》规定了中国人民银行的职责
包括："监督管理银行间同业拆借市场和银行间债券市场；实施外
汇管理，监督管理银行间外汇市场。"中国人民银行和银保监会虽
然都是商业银行的监管部门，但其监管内容有很大差别：中国人民
银行对我国商业银行的监管是以维护金融市场稳定为出发点，偏重
宏观层面上的监管；而银保监会对我国商业银行的监管则非常具
体，是微观层面的监管。

此外，由于商业银行在实际运营过程中涉及面非常广，在
《中华人民共和国商业银行法》第十条中规定："商业银行依法接
受国务院银行业监督管理机构的监督管理，但法律规定其有关业务
接受其他监督管理部门或者机构监督管理的，依照其规定。"如此
看来，商业银行仅仅由银保监会和中国人民银行监管实在是略显单
薄。因此，在商业银行的实际运行中，还受到国家发改委、审计
署、财政部和监察部门的监管。例如在2013年，国家发改委在全
国范围内对商业银行乱收服务费进行了专项检查，主要针对我国商
业银行在放贷过程中强制收费、捆绑收费的问题。由此可见，我国
政府部门对商业银行的监管和银保监会及央行对商业银行的监管也
有很大不同，政府部门的监管不是持续的，通常是通过某种专项调
查在某一特定的时间段内展开的。可以说这种政府部门带头的专项
检查是一把双刃剑，有着非常重要的意义，它既是对商业银行的有
效监管，又是对银保监会和中国人民银行监管工作的一种核查。

（二）商业银行监管存在的问题

1. 对商业银行监管过于细碎

2013年6月，大型商业银行纷纷面临融资难的局面，银行间

隔夜头寸拆借利率从 4.5% 开始飙升，至 6 月 22 日高达 13.44%。银行间市场一度形成"钱荒"的局面。造成商业银行"钱荒"的局面主要原因有两个，即商业银行内部资金流动性不足和来自监管部门的压力。商业银行内部的原因主要在于资金空转和大规模期限错配，来自监管部门的压力主要是对商业银行的监管琐碎。在此部分我们重点分析后者。我们继续回顾 2013 年 6 月"钱荒"的案例。

按照事态发展的顺序，应追溯到 2012 年末，那时候大部分商业银行面对经济下行的局面错误预期了未来的货币政策，从而预先增加了放贷规模，且大部分资金没有进入实体经济，反而滞留在金融体系内部不断地空转套利。到了 2013 年，政府和决策层的态度逐渐明晰，即有意着手控制错配风险、整顿金融市场内部的资金空转问题，引导资金进入实体经济；2013 年 6 月 6 日，有市场传闻声称光大银行和民生银行的同业拆借资本金到期，但光大银行由于流动性不足选择违约，造成千亿元到期资金未能收回，虽然次日光大银行借助媒体辟谣，但由其引起的市场恐慌情绪一时间难以消除；2013 年 6 月 19 日，大型商业银行纷纷开始四处借钱，银行间同业拆借利率大幅上涨，隔夜利率最高达到了 15%，商业银行流动性整体倒退；2013 年 6 月 20 日，"钱荒"进一步恶化，银行间隔夜回购利率最高达 30%，其中 7 天回购利率最高达 28%；2013 年 6 月 24 日，A 股市场银行股遭到由恐慌情绪导致的大规模抛售，兴业银行、平安银行、民生银行相继跌停，一些商业银行开始中止贷款业务。

就监管层面来看，我们还需进一步梳理一下"钱荒"事件的发展脉络。最初，在 2013 年 3 月 25 日，银监会发布了《关于规范商业银行理财业务投资运作有关问题的通知》（银监发〔2013〕8号），对商业银行的理财业务尤其是"非标准化债权资产"的理财业务进行规范化管理。部分商业银行为了达到银监会8号文的达标要求，被迫动用自营资产购买和投资非标准化债权资产，这直接挤压同业拆借额度，进一步加剧了商业银行现金流的紧缺。

随后，在2013年4月之前，我国外汇占款月增加3800亿元。5月出口增速下降至1%，外汇占款增加668亿元，环比减少2274亿元。国家外汇管理局于2013年5月5日发布《关于加强外汇资金流入管理有关问题的通知》（汇发〔2013〕20号），并决定该文在6月底就要全面实施。迫于外币纳入贷存比考核的压力，部分商业银行选择提前买入美元补充外汇头寸，以求达到监管标准，这在一定程度上加剧了银行间资金面紧张状况。

此外，在政府态度方面，李克强总理在2013年5月至6月三次提到"盘活存量"：在2013年5月13日的国务院机构职能转变动员电视电话会议上，他曾指出，"在存量货币较大的情况下，广义货币供应量增速较高。要实现今年发展的预期目标，靠刺激政策、政府直接投资，空间已不大，还必须依靠市场机制"；2013年6月8日，在主持环渤海省份经济工作座谈会时，李克强总理二度要求"要通过激活货币信贷存量支持实体经济发展"；2013年6月19日，李克强总理主持召开国务院常务会议，三度提出要优化金融资源配置，用好增量、盘活存量，更有力地支持经济转型升级。

在"钱荒"局面基本形成之际，中国人民银行一反常态，没有像以往一样通过公开市场操作释放流动性缓解市场紧张局势，反而在2013年6月18日发行了20亿元3月期的央票回笼资金，一度导致市场流动性更加紧张。在市场上陆续出现商业银行违约传闻的情况下，中国人民银行不仅一直按兵不动，反而于 2013 年 6 月 24 日在网站上发布了《中国人民银行办公厅关于商业银行流动性管理事宜的函》，其中提到"银行体系流动性总体处于合理水平"，表明其对几天前的"钱荒"事件持无视态度。在中国人民银行和商业银行的这次博弈中，可见央行扭转市场预期、打压风险偏好、倒逼金融机构加强自身流动性的决心和态度，但由其制造的恐慌情绪也会直接成为加剧商业银行资金流动性不足的催命符。可见，这种由最后贷款人造成的恐慌恐怕比 6 月 6 日光大银行违约传闻制造的恐慌来的猛烈得多。

其实在 2012 年底，中国 M2 达到了 97 万亿元，占全球货币量的 1/4。中国账面上并不缺钱，造成"钱荒"的局面只是表明市场缺钱，即货币流动性不足。因此，与其称 2013 年 6 月的同业拆借利率骤升为"钱荒"倒不如称之为"钱慌"。即并不是账面上真的没有钱，而是资金恰好在监管部门核查的时期被套牢，一时没有足够多的流动资金来维持市场应有的流动性需要。除了银行内部固有的待解决的问题以外，监管层面也应该反思：是不是多元监管主体同时施压让商业银行捉襟见肘，间接导致了"钱荒"；是不是监管部门在某一时点的某一要求过于琐碎和严苛，加剧了"钱荒"；是不是央行在和商业银行的博弈中手段过于强硬，恶化了"钱荒"。

针对这一问题，我们建议央行应该在必要时积极用货币政策工具调节银行体系的流动性，若想摆脱商业银行和金融机构对其充当"无条件"最后贷款人的依赖，应循序渐进，不能一蹴而就。而本次"钱荒"事件中，央行的这种突然间的强硬手段，只会加重市场负担，对广大投资者和中小型商业银行是非常不利的；各个监管主体之间应实行协调监管，并统一监管口径，避免在同一时期给商业银行施加过多压力，应在宏观层面上整体提高监管弹性；监管部门可以适当放松对信贷投向覆盖范围的管制，适当放松对非标准化债权资产的监管力度。可以通过从源头上建立健全信用体系的方式，即通过完善信用评级制度从源头上控制企业的违约风险，在此基础上适当扩大信贷投放的覆盖范围，扩大信贷投放的对象层次，避免商业银行被迫选择迂回的方式投放流动性资金给无法通过审核的企业；建立统一的金融信息共享平台以供多方监管主体协调工作跟踪监管进程，一方面避免重复监管造成人力物力的浪费，另一方面可减轻商业银行同时应对多元监管主体的多重压力。

2. 商业银行服务实体经济中的监管缺失

商业银行作为金融类企业，应当发挥好为实体企业提供资金融通服务的作用，使它们获得货币资本，从而进行产业资本投资。而上述提到的"钱荒"事件，不仅反映了对商业银行监管上的琐碎问题，也反映出其在服务实体经济中的偏误和监管缺失。当时，商业银行借助货币市场中充足的流动资金和较低的同业拆借利率盲目地投资于非实体经济，致力于"钱生钱"的投资活动，导致其对实体经济的服务能力弱化。①

近年来，随着金融改革的不断深化，商业银行不再局限于通过传统的发放贷款的方式为实体企业提供融资服务。在 75% 的存贷比红线撤离之前，商业银行为了躲避监管中对于贷款规模的限制，加大了理财产品等金融业务的创新，由于这些业务大多脱离于资产负

---

① 马孟君、高彦彬：《中国式"钱荒"折射出银行业问题与结构调整》，《现代企业》2013 年第 8 期。

债表之外，不占用信贷指标，因此备受商业银行的青睐。不得不承认，这些创新型的金融业务确实解决了部分资源配置问题，推动了实体经济的发展。但是，在这个过程中出现了前文提及的银行资金空转等现象，很多资金并没有流入实体企业中，更谈不上转化为产业资本。即使有的实体企业最终获得了融资，但融资成本过高又会导致其盈利能力下降，使金融资本转化为产业资本的效率大打折扣。

那么究竟是对哪些环节或业务的监管缺失导致商业银行服务实体经济的作用被弱化？我们根据前文的总结和现有的研究，将主要的监管缺失对象归为三大类：同业业务、理财产品、商业银行的影子银行业务。

对商业银行同业业务的监管。前文已经提到，银行资金空转的主要类型之一就是"同业空转"。[①] 商业银行的同业业务是围绕"表内转表外，降低资本占用"的原则产生的。近几年发展比较迅速的银行同业创新业务都是通过把信贷资产包装成金融资产进行变相贷款，从而实现信贷出表和规模扩张。[②] 同业业务作为商业银行中间收入的重要来源，大大扩大了商业银行的规模和效益，同时也提高了实体经济的融资成本，产生了一系列诸如资产与负债期限错配带来的流动性风险、金融机构之间关联性增强导致的系统性风险和交易链条烦琐导致的实体经济融资成本过高等问题。[③]

对于同业业务的监管风险主要表现为三方面：①商业银行通过

---

① 许珊珊：《银行资金"空转"需重视》，《中国金融》2016 年第 8 期。
② 李威、姚玥悦：《我国商业银行创新型同业业务风险探析》，《中国物价》2017 年第 8 期。
③ 王文泽：《重新审视银行同业业务》，《中国金融》2016 年第 2 期。

粉饰会计报表，将本质上属于信贷资产的业务转化为同业业务，导致监管部门无法得到真实的信贷投放数据，不能及时准确地监控整个经济的运行状况；②商业银行通过"通道业务"绕过监管方，将信贷资产和投资资产、表内和表外科目相互转换，最后调节各类指标，为监管带来了极大挑战；③同业业务的操作流程复杂，商业银行在具体操作过程中一旦出现认知偏差，就会导致操作风险的发生。①

在对同业业务的监管上，中国人民银行曾于 2014 年联合五部门发布了《关于规范金融机构同业业务的通知》；随后，银监会发布了《关于规范商业银行同业业务治理的通知》，目的是规范同业业务，防范金融风险；2017 年，银监会又相继下发了《关于开展银行业"违法、违规、违章"行为专项治理工作的通知》等 7 份监管文件，其中均对同业业务有相应的要求和约束。

毋庸置疑，这些监管文件的出台为同业业务规范发展规划了新的空间。但是目前对于同业业务的监管仍有许多需要改进和加强的地方：①监管部门应当对为了规避监管而开展的违规通道业务设置明确的惩罚措施，而不只是停留在约束层面；②对同业业务的资产端和负债端的久期进行监管，使其期限尽可能地匹配，防止流动性风险；③跟踪监管同业业务输出资金的去向，降低信用风险较高的企业得到融资的机会；④对同业业务实行功能监管，不能只在表面上看属于哪个科目就归到哪个监管部门，而应该具体分析其实质的功能是什么，风险是什么，再归入相应的监管框架。②

---

① 张洋：《商业银行同业业务发展及风险防范、监管》，《中国金融》2016 年第 2 期。
② 李威、姚玥悦：《我国商业银行创新型同业业务风险探析》，《中国物价》2017 年第 8 期。

对商业银行理财产品的监管。商业银行的理财产品很大程度上也是为了挣脱监管机构对其融资规模的限制。商业银行将理财产品筹集到的资金作为表外资产融资，提高了中间业务收入，拓宽了资金运用渠道，同时也通过对消费市场的细分，发展了大量的高端客户。但是由于理财产品本身具有的特殊性和复杂性，容易产生市场风险、信用风险以及系统性风险等一系列问题。

近年来，包括华夏银行、建设银行和中信集团在内的多家金融机构旗下的理财产品违约事件频频发生。2011 年 4 月底，交通银行"得利宝·至尊 18 号"理财产品发生违约事件；2017 年 4 月，民生银行北京分行航天桥支行发行巨额虚假理财产品案……这一个个违约和造假案不仅使客户蒙受了重大损失，也在社会上造成了较大的负面影响。我们不禁要问，既然银行致力于发展理财产品业务，那这些理财产品究竟走向了何方？究竟有没有对实体经济形成推动作用？

官方数据显示，2016 年上半年，84 万亿元理财募集资金中，只有 16 万亿元用于实体经济的各类融资。也就是说，2016 年上半年，通过理财产品募集的资金 80% 都只是在金融市场内部空转，这不仅揭示了中国金融的高杠杆和高风险现状，更说明了商业银行的理财业务并没有很好地推动实体经济发展。随着越来越多理财产品的"野蛮生长"，本该流向实体经济甚至原本在实体经济中的资金，被理财产品的低风险、高收益所吸引，转而选择了"脱实向虚"。在全社会总量资金有限的情况下，这意味着理财产品吸纳的资金越多，实体经济的资金就越少，那么实体经济的融资成本就会越高，在这种情况下，原本应为实体经济提供融资服务的理财产品实则扮演了相反的角色，没有推动实体经济的发展。[①]

自商业银行理财业务诞生以来，银保监会共出台了 30 多部相关文件或征求意见稿对其进行监管，内容涵盖理财业务的资格准入、投资方向、风险管理、操作规范等各个方面。其中，《中国银监会办公厅关于 2014 年银行理财业务监管工作的指导意见》（银监办发〔2014〕39 号）要求理财资金投向与国家宏观调控政策保持一致，支持实体经济发展，禁止投资法律法规限控行业和领域。2016 年 7 月 27 日，《2016 年商业银行理财业务监督管理办法（征求意见稿）》出台。此次征求意见稿吸纳了原有监管文件的重要内容，形成了一个更为全面的监督管理文件。2018 年 4 月 27 日，中国人民银行、中国银保监会、中国证监会和国家外汇管理局联合印发了《关于规范金融机构资产管理业务的指导意见》（银发〔2018〕106 号，简称《意见》），市场也将此称为"资管新规"。《意见》中明确提出：银行理财产品将不再保本。随后，2018 年 7 月 20 日，银保监会根据"资管新规"的总体要求，起草了《商业银行理财业务监督管理办法（征求意见稿）》（简称《办法》），并向社会公开征求意见。《办法》与"资管新规"充分衔接，共同构成了银行开展理财业务需要遵循的监管要求。可见我国一直高度重视银行理财业务风险和监管，不断完善着银行理财业务监管框架。

我们肯定现有监管体制下的有效约束性，但也对其提出相应的监管建议。就商业银行如何通过理财产品更好地服务实体经济而言：一方面，监管部门应尽快按照产品类别等统计口径建立有关理

---

① 潘洪其：《理财产品不能成为实体经济"抽血机"》，《企业观察家》2017 年第 5 期。

财产品信息的统计体系，规范理财产品市场的准入制度，提升商业银行的理财产品质量与风险控制能力；另一方面，监管部门应密切关注理财投资的风险，包括交叉性金融风险、流动性风险等，要持续监测理财业务的资金配置流向，重点关注和排查银行的理财资金是否投资于未上市企业股权和上市公司非公开发行或交易的股份等。[①] 我们相信，随着银保监会对《办法》的进一步修改完善，理财业务会越来越规范，未来会呈现更稳健和可持续的发展态势。

对商业银行影子银行业务的监管。在介绍商业银行的影子银行业务之前，我们先了解影子银行的界定。金融业普遍认同的是纽约联邦储备银行在其影子银行监管报告中的定义，即影子银行是通过大量的资产证券化活动将储蓄资金转化为投资资金的一类专业金融机构。该定义是以传统银行为参照得出的。[②] 而中国人民银行发布的《中国金融稳定报告（2013）》指出，"中国的影子银行可以概括为正规银行体系之外，由具有流动性和信用转换功能，存在引发系统性风险或监管套利可能的机构和业务构成的信用中介体系"。从定义中我们可以看到，影子银行满足了商业银行信用贷款之外的融资功能，但同时规避了可能的监管，并蕴含着潜在的系统性风险。

商业银行的影子银行业务指的就是商业银行为了获得更大的利润，规避监管而进行的以证券化活动为代表的银行内部的表外业务。[③] 它

---

① 方先明、余丁洋、杨波：《商业银行理财产品：规模、结构及其收益的不确定性》，《经济问题》2015 年第 6 期。

② 于永宁：《我国影子银行监管法律制度的反思及重构——美国的经验及其借鉴》，《法商研究》2015 年第 4 期。

③ 董薇：《商业银行影子银行业务监管机制设计研究》，中国海洋大学硕士学位论文，2014。

的主要表现形式有银信合作、银证合作和非标准化理财基金池等。[①] 不得不说，影子银行业务虽然在一定程度上满足了不同主体的融资需求，推动了实体经济的发展，但由于游离于监管体系之外，内部资金流转牵扯机构繁杂，极易造成各类风险传染。具体的风险在于：①交易过程信息不透明、不对称，系统性风险严重；②除商业银行外，交易链条涉及的金融机构繁多，容易造成交叉风险传染；③商业银行利用表外业务进行监管套利，易造成"泡沫经济"；④借款源头一旦出现违约风险会使商业银行声誉受挫，并很可能导致商业银行运用表内资产作为表外的偿还金，这又使促使风险转嫁到表内。

2014 年 1 月，国务院发布了《关于加强影子银行业务若干问题的通知》（简称第 107 号文），提出了影子银行业务的监管原则和方法，并指出要通过监管协调杜绝影子银行的监管真空。但 107 号文中存在很多缺陷，它并未提及影子银行面临的具体风险，更未提出针对性的有效监管措施。[②] 2018 年 7 月 20 日银保监会发布的《办法》中指出要规范资金池运作，防范"影子银行"风险。这说明国家充分认识到了影子银行业务的风险，但对它的监管仍不够完善。

针对商业银行服务实体经济中影子银行的监管缺失问题，我们建议应去"影子"、求"透明"。具体而言，就是应当推动商业银行表外业务表内化，将商业银行主导或参与的影子银行业务纳入资

---

① 方先明、余丁洋、杨波：《商业银行理财产品：规模、结构及其收益的不确定性》，《经济问题》2015 年第 6 期。

② 于永宁：《我国影子银行监管法律制度的反思及重构——美国的经验及其借鉴》，《法商研究》2015 年第 4 期。

产负债表之内进行监督，接受银保监会等的监管；此外，监管部门要实行动态监管，使影子银行产品的交易信息更加透明，密切关注影子银行业务中的交叉风险传染。只有这样，才能更好地提高商业银行促进实体经济的发展效率。

除了应对上述提及的业务进行监管规范外，我国监管部门还应对银行内部人员违规放贷等问题给予高度关注。总之，在产融协同的背景下，监管部门应围绕商业银行为实体经济提供融资服务这一主题，完善各项规章制度，促使商业银行更好地服务实体经济。

3. 商业银行应该为实体经济服务

2017 年两会期间，习近平总书记在参加辽宁代表团审议时指出：“不论经济发展到什么时候，实体经济都是我国经济发展、在国际经济竞争中赢得主动的根基。”党的十九大报告中，习近平总书记也指出要深化金融体制改革，增强金融服务实体经济的能力。这为新时代中国特色社会主义市场经济的金融建设指明了方向，也指明了商业银行应该为实体经济服务这一话题。

纵观历史，若实体经济面临大萧条，商业银行乃至整个金融业都不会独善其身。[①] 也就是说，如果商业银行脱离了实体经济而追逐自己的利益，即使暂时尝到甜头，最终也会因实体经济的衰退而自食恶果。因此，对于我国的商业银行而言，就是要回归“服务实体经济”这一本源，突出主业，心无旁骛，增强服务实体经济的能力。毕竟，一个国家的富强，归根结底是要发展实体经济。

（三）对商业银行进行差异化监管

随着股份制改革的深入，我国商业银行为经济发展做出了很大

---

① 庄鹏冲：《试论商业银行如何支持实体经济》，《金融时报》2015 年第 12 期。

贡献，同时也出现了较为明显的同质化问题。特别是在当前市场准入门槛越来越低的情况下，商业银行"多"而"不专"的特征日益突出。不同类型商业银行的同质化主要体现在以下四个方面。[①]

市场定位趋同。表面上看我国商业银行之间的市场定位呈现多元化的特征，如国有商业银行、城市商业银行和农村信用社等，但各类银行都在为增强盈利水平而积极地扩展业务，出现了全国性银行向海外扩展，区域性银行向全国及海外扩展，以及前文提及的地方性银行向区域及全国发展等现象。

业务定位趋同。目前各类银行所开展的业务都比较广泛，涵盖了本币业务和外币业务、零售业务、各类代理业务和信用卡业务等。虽然相同的业务范围并不意味着经营的同质化，然而我国各类商业银行并没有明显的差异化核心业务，业务经营同质化现象严重。

客户定位趋同。城市商业银行以及农村商业银行都将目标瞄向了公司客户和高净值客户，这种同质化是一种非理性竞争，它削弱了银行的风险控制能力和盈利能力。

产品定位趋同。目前我国银行所提供的产品之间没有很大的差别，同质性现象较为严重。而银行提供的产品之间的差异性不仅体现在种类的多样性上，还体现在能否为客户量身打造出满足其实质需求的产品。在产品设计这个方面上，银行目前还缺乏创新。

商业银行同质化经营是中国银行业存在的重要问题之一，同质化经营不利于金融体系的稳定，在遭受冲击时更容易导致风险的传递。同质化经营也使中国商业银行无法突出自身特色，难以打造自身的核心竞争力，无效率的竞争更导致了金融资源的浪费，

---

① 王菁：《我国商业银行业务差异化策略研究》，《中国金融》2009 年第 11 期。

不利于支持实体企业的发展。因此，商业银行应当在业务转型过程中突出差异化的战略定位，通过差异化的战略对同质化经营进行调整。

而商业银行要想摒弃同质化，追求"专业化"，就必须在监管层面实现差异化。不同银行的定位本身就存在着差异性，差异化的竞争也必然导致各个指标有所差别，而如果针对所有的商业银行都执行"一刀切"的监管政策，不加区分地套用同一个监管模式，则会产生"大银行无效约束，小银行过度监管"的问题。

我们把"大银行无效约束"归结为"约束松弛"现象。这一现象是说监管部门的同一个约束指标不能完全对所有银行起作用。以《巴塞尔协议》对资本充足率的规定为例，这一约束效力对资本充足率本身就明显高于监管要求的银行来说是很微弱的。2009年，中国银行、中信银行和宁波银行因为过度放贷使资本充足率一年之内分别下降了2.29%、4.18%和5.40%，但由于它们原先的资本充足率就比较高，分别为13.43%、14.32%和16.15%，因此，过度放贷后也依然满足了资本充足率的监管要求，这就使"资本充足率约束"缺乏效力。而"小银行过度监管"指的是对于规模或者总资产比较小的银行监管要求过高。这就相当于约束了银行差异化发展的积极性和可能性。此外，对于银行而言，任何业务领域都是"无门槛"的，只要愿意投入资金，就可以将相关业务发展起来，如果实施同一个监管标准，在逐利的动机下，一旦某个银行在某一项业务领域发掘出利润增长点，其他银行就会一拥而上，以至于最后没有哪家银行可以突出自身特色。在同质化的监管要求下，最终的局面就是各个银行被利益驱使，为了满足监管要求而盲目走上低水平和同质化的竞争道路。因此，要想推动商业银行的体系重构，监管就必须跟上改革的步伐，即对商业银行的监管要差异化。①

差异化监管在具体实施过程中要注意三个方面。①应当划分监管等级。监管等级的确定不能盲目地根据银行的规模或者大小来划分，而应该将衡量商业银行风险的关键性指标聚拢在一个评价体系内，通过关键指标的选取、指标权重的设定、对应数据的可获得性以及综合评价得分等过程准确划分商业银行所处的监管等级。②根据不同的监管等级采取差异化监管。一方面，要结合经济金融改革的主线，对处于同一监管梯队的商业银行以具体明确的规则来规范他们的经营活动；对处于不同监管等级的商业银行，首先应该以普遍使用的概念为监管依据引导银行业金融机构行动的方向，然后在统一的监管标准下进行分区域或者分类别的调整。另一方面，在各个制度化的比例指标上要张弛有度，让商业银行面临"有得必有失"的监管约束。比如当某银行重点打造某业务时，根据业务特性对指标的影响，监管者可以有针对性地对某些指标要求进行适度的放松，形成一种"宽松约束"；还可以对某些指标进行适度的收紧，形成一种"严格约束"。以中间业务为例，商业银行如果着重开展中间业务，那么与资产规模相关的指标就会有别于其他银行，监管者可以根据这一业务特性，测算出各指标的运动趋势，对指标约束进行针对性的放松或者收紧。③在全面风险监管中注入具有时代性的监管政策。回顾商业银行演变与监管体制的改革历史，我们发现，虽然每一阶段商业银行所处的外部环境与内部资源都各不相同，但风险监管的核心原则没有发生变化，即都是要迎合时代特

---

① 陈娟娟、侯娟:《商业银行同质化监管和差异化监管效果的对比研究——基于"无效区间指数"》,《上海金融》2015 年第 6 期。

征。因此，不论是在划分监管等级，还是对不同银行不同监管指标的标准制定上，都要遵循改革的方向。在中国特色社会主义经济体系下，实施商业银行差异化监管务必强化风险前瞻性管理，以金融安全与稳定为原则，继而推动供给侧结构性改革。此外，要协调政策导向，注重原则导向与规则导向监管相结合，在不同资产规模、不同风险等级、不同业务领域之间进行灵活调整，保证差异性监管的有效性。①

事实上，商业银行同时打造多个业务，一定程度上可以分散风险，但每一类业务都有自身独特的风险，在每个业务领域都过度投入资源，会造成低效率竞争，同时面临多种风险。实施差异化的监管政策之后，不但可以约束商业银行，避免过度投入而面临更多风险，还可以引导商业银行进行专业化经营，使其更专注于自身的特色业务。只有这样，商业银行才能更好地服务于实体经济。

从对商业银行进行差异化监管的演进历程来看，2012 年中国银监会和保监会表示要在当年内推进差异化监管政策的"落地"；2013 年 7 月 5 日，国务院办公厅发布《关于金融支持经济结构调整和转型升级的指导意见》。意见表示，"探索优化银行业分类监管机制，对不同类型银行业金融机构在经营地域和业务范围上实行差异化准入管理，建立相应的考核和评估体系，为实体经济发展提供广覆盖、差异化、高效率的金融服务"，这里首次明确提出分类监管的思路，鼓励银行的差异化发展，但是关于不同类型商业银行的划分标准一直没有界定，因此差异化的监管政策一直无法得以推

① 王巍、陈娟娟、黄子健：《银行业同质化经营、分类监管改革与"监管幻觉"》，《金融经济学研究》2014 年第 5 期。

行；2016 年 3 月 16 日，"十三五"规划纲要再次提出，要深化金融监管的体制改革，同步于中国经济体制改革与政府职能转变，在吸收借鉴国际先进监管经验的基础上，结合银行业运行特点，对商业银行科学分类，有针对性地实施差异化监管。可以看出，虽然我国对商业银行实施差异化监管持肯定态度，但并未形成切实可行的监管分类机制，也没有制定具体的监管标准。我们相信，这将是未来商业银行体系重构的重中之重。

二　商业银行的改革

实现我国产融协同的根本之道是商业银行的体系重构。针对资金空转这一问题，本报告通过对美国硅谷银行的投贷联动模式经验进行分析借鉴，结合现实情况，提出了适合我国投贷联动的改革建议；针对区域性商业银行盲目跨区经营，且受地方政府干预较多这一问题，通过对一些发展成功的区域性银行的分析，提出如何更好地建设区域性银行的建议；报告最后结合成功开展专业银行业务的案例，提出了如何更好地建设专业银行的建议。

（一）商业银行目前存在的问题

1. 银行资金有很大一部分未进入实体经济，资金空转

根据对 2017 年工、农、中、建、交五大行的贷款业务统计得知，个人贷款占总贷款比例的平均值为 36.14%，而个人住房贷款占个人贷款比例高达 76.01%，说明银行贷款资金有较大一部分最终都通过个人住房贷款这一渠道进入了房地产市场，并未进入实体经济。公司贷款占总贷款比例的平均值为 61.86%，其中小微企业贷款占公司贷款比例平均值仅为 22.38%，面对小微企业巨大的融资需求，小微企业从银行获得的贷款相对较少（见表 1）。

表 1　银行贷款比例

单位：%

银行名称	公司贷款占总贷款比例	小微企业贷款占公司贷款比例	个人贷款占总贷款比例	个人住房贷款占个人贷款比例
中国工商银行	62.79	24.27	34.75	79.62
中国农业银行	60.88	21.13	37.37	78.22
中国银行	62.34	21.46	36.01	78.03
中国建设银行	58.03	21.51	40.92	80.55
交通银行	65.25	23.52	31.63	63.64
平均值	61.86	22.38	36.14	76.01

根据对 2017 年工、农、中、建、交五大行的理财业务和托管业务进行统计得知，五大行理财产品规模平均值为 2.10 万亿元，托管资产规模平均值为 10.77 万亿元，并呈现每年增长的态势，这些资金大部分在金融体系内部流转，并未进入实体经济，产生资金空转现象（见表 2）。

表 2　银行理财业务和托管业务统计

单位：万亿元

银行名称	理财产品	托管资产
中国工商银行	3.01	15.50
中国农业银行	1.76	10.29
中国银行	1.56	9.53
中国建设银行	2.08	11.54
交通银行	—	7.01
平均值	2.10	10.77

2. 区域性银行盲目跨区经营

上市区域性银行贷款按地区划分占比情况见表3。

表 3 银行贷款按地区占比

单位：%

银行名称	本地占比	本省占比（包含本地）	其他省占比
宁波银行	43.26	61.32	38.68
北京银行	51	51	49.00
常熟银行	56.94	92.62	7.38
贵阳银行	58.35	90.22	9.78
杭州银行	50.58	71.38	28.62
江苏银行	—	78.41	21.59
江阴银行	88.85	93.56	6.44
南京银行	32.08	78.26	21.74
上海银行	40.95	40.95	59.05
无锡银行	93.13	100	0.00
张家港银行	71.65	96.05	3.95
平均值	58.68	77.61	22.39

从对上市区域性银行的贷款业务按地区划分占比情况的统计可以看出，区域性银行大部分的贷款业务都是在本地及本省进行，在本省的贷款业务平均占比为77.61%，但仍有一定数量的贷款业务发生在其他省份，贷款业务在其他省份的占比平均值为22.39%，说明区域性银行跨区经营的现象较为普遍。

3. 银行专业化程度不高

目前我国绝大部分银行的业务是针对所有公众及企业开展的，太多的银行开展着重复的业务，很少有针对某一特定行业或体系进行业务深耕的银行，专业化程度不高。由于各个行业的生产规律相差很大，在生产周期以及利润率等各方面都有很大的差别，银行对于各行各业缺乏系统的了解，这就导致了来自不同行业的企业不能从银行得到更加适合它们自身的金融服务。

（二）投贷联动服务于实体经济

根据银监会、科技部、中国人民银行发布的《关于支持银行业金融机构加大创新力度开展科创企业投贷联动试点的指导意见》（银监发〔2016〕14号），投贷联动是指银行业金融机构以"信贷投放"与本集团设立的具有投资功能的子公司"股权投资"相结合的方式，通过相关制度安排，由投资收益抵补信贷风险，实现科创企业信贷风险和收益的匹配，为科创企业提供持续资金支持的融资模式。

投贷联动本质是股、贷、债等三类不同风险偏好和收益要求的金融机构，围绕不同成长阶段的企业的投融资需求，建立紧密利益共同体。[①] 目前我国对商业银行的规定较为严格，不允许商业银行擅自涉及股权投资，所以目前我国的商业银行主要通过获取存贷利差的方式盈利，而投贷联动的融资方式可以使商业银行在此基础上，通过设立具有投资功能的子公司，或和第三方机构（如私募股权基金，风险投资基金以及创业融资基金等）合作，进行股权投资，通过企业利润增长来获得更丰厚的盈利。

1. 投贷联动的背景

银行资金大部分未进入实体经济。据前文表1表2对工、农、中、建、交五大行的数据统计，银行贷款资金有很大一部分最终都

---

① 高永林：《我国商业银行投贷联动机制的探索》，《金融经济》2016年第20期。

通过个人住房贷款渠道进入了房地产市场，并未进入实体经济。此外，银行理财产品和托管资产规模巨大，并呈现每年增长的态势，这些资金大部分在金融体系内部流转，也并未进入实体经济，从而使资金空转现象较为严重。

中小型企业融资困难。中小型企业存在较为严重的信息不对称、抵押品不足等问题，从而导致其融资成本相对于成熟企业与国有企业较高，这是中小企业融资困难的一个现象。银行的安全性原则使银行偏好于发展成熟、经营收入稳定的企业，而中小型企业大多不具备上述条件。加之中小型企业的贷款量相对较小，银行对其贷款的成本较高，导致商业银行不愿意为中小型企业提供融资。

另外，处在创业期的中小型企业由于其现金流、收入不稳定，从而导致内部融资也不稳定。外部融资与内部融资都有困难，导致科创企业借不到钱，影响发展。我国法律法规也不允许银行涉足股权投资，科创企业的融资难度大大提高。

2. 投贷联动经验借鉴——美国硅谷银行

美国硅谷银行成立于 1983 年，是一家专注于为风险投资机构和科创企业提供融资的中小银行，以投贷联动为核心经营模式，取得了巨大成功。在 20 世纪 90 年代，随着计算机与互联网技术的不断发展，硅谷作为世界著名的高科技产业区，云集了大量高科技创新与发展的开拓者，同时，蓬勃发展的科技创新型企业有着大量的融资需求，以投贷联动为核心经营模式的硅谷银行应运而生。

硅谷银行的投贷联动主要采用以下两种模式。

与创投基金紧密合作。硅谷银行通过直接投资风险投资机构或贷款给风险投资机构，与风投机构建立良好的合作关系，形成战略同盟，硅谷银行可以通过风投机构更详细地掌握科创企业的各种信息，判断企业未来的发展前景，为向科创企业贷款提供帮助。

将"债权"升级为"债权＋期权"。硅谷银行向科创企业发放贷款时，由于科创企业贷款风险较大，除了收取高于一般银行贷款的利息作为风险溢价外，还与科创企业签订期权协议，获得部分认股权证，在企业公开上市或被并购时使用，通过行使认股权获得的投资收益来弥补信贷风险。

除此之外，硅谷银行结合科技型创业公司轻资产的特点，开发出以专利技术等无形资产作为抵押担保的贷款业务，还结合企业不同的成长周期，为企业量身定制提供分阶段的金融服务。

3. 投贷联动的模式

设立子公司。银行设立具有投资功能的子公司，子公司运用自有资金独立对科创企业进行投资，资金、机构均与银行母公司分离。

银行通过设立债转股实施机构，将债权转换为股权。银行作为主出资人，设立相应的金融资产投资公司，先由银行向实施机构转让债权，再由实施机构将债权转为对象企业股权。

商业银行与风投机构紧密合作。商业银行通过直接投资风险投资机构或贷款给风险投资机构，与风投机构建立良好的合作关系，形成战略同盟，银行可以通过风投机构更详细地掌握科创企业的各种信息，判断企业未来的发展前景，为向科创企业贷款提供帮助。

将"债权"融资升级为"债权＋期权"融资模式。银行向科创企业发放贷款的同时，与贷款企业签订期权协议，获得贷款企业部分认股权证，企业盈利时银行可以获得风险收益，企业亏损时银行的资金作为优先级的债权将会有所保障，使银行得以分享企业成长带来的收益。

向全能型银行迈进，商业银行直接对企业进行股权投资（目前我国政策不允许）。

4. 投贷联动的风险

我国学者高永林认为投贷联动主要存在以下风险。[①]

利益冲突风险。银行的不同机构会存在利益冲突，如信贷部门的贷款业务与风投部门的投资业务可能存在冲突。

传递性风险。投贷联动业务会涉及多个机构，使每个机构的风险高度相关，使银行的风险隐患加重，当亏损真正出现时甚至可能出现挤兑现象。

收益波动风险。股权投资具有高风险性，而企业在发展的过程中还存在周期效应。投贷联动在影响银行收益的同时，也使银行业绩变得不稳定。

5. 改革建议

加强金融创新。建立健全企业信用担保体系，企业在初创期资本不足，可以用来抵押的资产比较稀缺，商业银行可以采取灵活的担保方式，例如以知识产权、专利等无形资产作为抵押。

提供应收账款抵押服务。当企业进入成长期，有产品进入市场后，就可以利用应收账款、现金流等向银行作为抵押，从而使科创企业顺利地进行融资，更好地发展。

大力培养投贷联动方向的相关专业人才。一直以来，商业银行禁止开展股权投资业务，在投贷联动方向我国缺少大量的相关专业人才，为了投贷联动更好地发展，我们应该培养专业的投贷联动相关人才。

分阶段为企业提供量身定制的增值服务。在企业初创期，为企

---

① 高永林：《我国商业银行投贷联动机制的探索》，《金融经济》2016 年第 20 期。

业提供创业贷款、风险投资资金等；在企业成长期，为企业提供流动资金贷款、发行融资债券、进行闲置资金管理等；在企业成熟期，为企业提供 IPO 上市咨询、并购重组顾问等服务。

进行投贷联动应选择合适的模式。投贷联动主要有五种模式，我国禁止商业银行直接开展股权投资业务，建议银行采用设立第三方投资机构的投贷联动模式。

加强对投贷联动机构的审核。我国商业银行目前试点通过设立具有投资功能的第三方机构，由第三方机构进行投资，这样一来，风险的大小将直接取决于第三方机构的担保与经营水平。因此，针对进行投贷联动的第三方机构，应由国家相关部门严格审核，审核后颁发许可。

明确扶持目标。即有发展潜力的符合国家战略要求的行业与企业，国家应针对投资对象建立一套完整的评估体系，筛选出优先扶持的企业。

综合债权与股权确定贷款利率。投贷联动与传统贷款的盈利模式不同，商业银行不仅能获得贷款利息，还能分享企业价值成长的超额收益。银行贷款的定价不但要考虑资金成本、利润、风险补偿等因素，还需要合理测算企业未来成长后银行按照其参股比例获得的收益金额，并在考虑实现时间和可能性的基础上制定更为适合的企业贷款利率，提高未来获益的可能性和收益水平。

（三）区域性银行改革

区域性银行即城市商业银行，其主要的业务定位是为中小企业提供融资支持。其具有如下几个特点：第一，城市商业银行的规模一般较小，2017 年上市区域性银行总资产的均值为 5373 亿元，其中 5000 亿元资产以上的城市商业银行仅有 6 家；第二，发展依赖性强，经营绩效好的银行多在经济发达的地区，2017 年上市区域性银行净利润排名前五的都集中于北京、上海、江浙地区；第三，市场定位不清，在成立之初确立服务中小企业的目标，之后却与国有银行、商业银行争抢大客户，而其本身的创新能力不强，公司治理不完善。大部分城市商业银行面临市场占有率小、盈利能力较弱、资产质量较低、技术创新方式较弱等现实问题，无法迅速适应"新常态"下的发展要求。

1. 区域性银行的现状

跨区经营现象普遍。根据前文表 3 的统计，从上市区域性银行的贷款业务按地区划分占比情况可以看出，区域性银行大部分的贷款业务都是在本地及本省进行，但仍有一定数量的贷款业务发生在其他省份，贷款业务在其他省份的占比平均值为 22.39%，说明区域性银行跨区经营的现象较为普遍。

目前城市商业银行的处境不好，前面有大银行的压制，后面有农村信用社与其竞争。随着宏观经济增速的放缓，城市商业银行在跨区经营时，由操作风险、信用风险引起的各种案件时有发生，过去的一些缺陷（如城市商业银行资产质量不高、内控能力较弱等）逐渐暴露出来。尤其是在以"创新驱动"为主导的新的经济背景下，受制于当前城市商业银行的实力和风险控制能力，盲目地跨区反而可能导致资金的无序流动与资源的浪费。[①] 目前，银行的借贷利差正在逐步缩小，仅仅靠利差维持生存的方法已经不再适用。

---

① 董晓林、金幂、杨书：《经济新常态下城市商业银行效率及其影响因素分析》，《新金融》2016 年第 1 期。

受地方政府干预较多。城市商业银行的原型是城市信用社，所以城市商业银行往往与地方政府脱不了干系，地方政府控股的城市商业银行往往受到过多干预。在政府控股的企业由于管理层与股东之间目的不一致，会出现委托代理问题。例如，政府持股比例高的城市商业银行会参与一些没有盈利或者盈利不高的地方融资项目。

2. 区域性银行发展案例借鉴

泉州银行。石狮为福建省泉州市下辖县级市，是全国四大布料批发市场之一，拥有巨大的布料行业集群。石狮布料市场拥有 9 大中心交易区和 2800 多家商铺，市场已基本形成辐射华东地区及全国的著名的面料市场销售网络，部分布料销往亚洲、中东和欧洲等地区。市场经营户已在江苏、浙江、广东、北京等各大专业市场建立 2000 多家分公司营销网络，同时以举办亚太（石狮）纺织面料交易会为契机，充分发挥毗邻港、澳、台等地缘优势，建立形成了从服装面料、辅料生产加工到销售全过程的产业链，拥有稳定的面料产、供、销渠道。

泉州银行结合石狮布料市场的特点，通过与石狮布料同业公会举办"绿色通道、和谐发展"银企融资洽谈会，建立了战略合作关系，通过创立"商会 + 企业 + 银行"的新模式，向石狮布料商户提供联保贷款业务，解决了布料商户的贷款担保问题，还向石狮布料同业公会推荐的诚信商户提供全方位的金融服务，新增总授信人民币 30 亿元，为布料商户提供了便利的融资条件，助力石狮布料行业的发展。

民生银行。依托区域行业市场规划及批量开发，民生银行相继在东部沿海的广东、福建等行业集群发达省份开发了广东中山古镇灯饰行业、广东东莞食品行业集群、福建福安电机行业集群、福建南安石材行业集群等区域特色行业集群，并根据集群行业的发展特点、金融服务需求特点，开发了相应的金融服务方案。与此同时，民生银行以福建泉州、厦门、福州三家分行为试点，依据县域特色集群行业，设立了若干家特色支行，欲以特色支行为依托推动县域集群行业金融开发。以民生银行泉州分行为例，该行在泉州地区根据晋江、石狮、南安不同的产业集群，分别设立晋江体育鞋服特色支行、南安水暖特色支行、石狮纺织服装特色支行及南安水头石材特色支行。在分行层面，民生银行各地分行同样将区域集群行业发展规划与分行发展规划紧密联系，以集群行业发展规划推动区域特色行业市场业务的开展。①

北京中关村银行。北京中关村银行是全国首家专注于服务科技创新的特色银行，以服务"三创"（创客、创投、创新型企业）为根本宗旨，定位于"创业者的银行"。北京中关村银行于 2017 年 7 月 16 日正式开业，注册资本 40 亿元，由用友网络、碧水源、光线传媒、东方园林、东华软件、华胜天成、东方雨虹、梅泰诺、鼎汉技术、旋极信息、恒泰艾普等 11 家中关村地区知名上市公司共同发起设立。

中关村银行主要采用"平台 + 用户"的模式，通过创新创业生态和行业生态两大平台，链接天使投资和创投机构、孵化器和加速器、大企业的双创平台三大群体，精准找到合作伙伴，变客户为合作伙伴与用户，将银行、投资机构、科创企业有效链接起来。

中关村银行将在银行外设立一个与银行股东股权结构一致的投

---

① 陈一洪：《立足行业金融支持实体经济——城市商业银行小企业服务的行业金融模式评述》，《南方金融》2012 年第 11 期。

资公司，开展投贷联动业务。中关村银行董事长郭洪表示："投资公司主要做四件事，第一是母基金功能，参与构建创投生态；第二是直接投资，投资于科技创新企业；第三是配合银行开展投贷联动业务，银行给创业公司贷款，创业公司按照贷款金额一定比例给投资公司认购权，行权后收益由银行和投资公司均分；第四是 FA，开展并购业务。"此外，中关村银行按照创业公司发展阶段的不同特点相应推出了三款产品：创业通、加速通、认股权贷款，在贷款要求、授信品种、还款方式等方面都比传统银行产品更加贴近于科创企业的融资需求。

3. 对区域性银行更好地为实体经济服务的提议

城市商业银行应该不忘初心。坚持为本地企业提供融资便利，而非盲目地跨区经营。

因地制宜，根据所在地方的产业发展情况，发展专业银行。为当地龙头企业、特色企业提供专业的融资服务，由于地方行业成规模发展，企业风险会更低，加之专业银行对其专业的了解，可以大大降低信息不对称的成本，从而将企业融资成本进一步降低，有利于企业融资。

增资扩股为城市商业银行补充资本。稀释地方政府股权，以减少政府的干预。

地方企业股权注资。当地的特色行业中的企业可以联合向地方商业银行通过购买股权的形式注资，让商业银行为其提供更加方便、成本低廉的融资服务。

地方商业银行也应为当地企业提供非金融服务。为企业提供财务顾问；企业也可以派出行业专业人员与地方商业银行进行交流，使银行对需要融资的企业进行更透彻的理解。

（四）大力支持专业银行建设

1. 支持专业银行建设的背景

目前，我国的实体经济效益下滑，而银行为了维持利润水平，在投资时避开了实体经济，转向对房地产、金融领域发放资金，造成了企业贷款难的问题。一些银行对民营企业还没有做到一视同仁，贷款利率也偏高，这成为困扰民营企业的最大难题。究其根源，在于银行业对实体经济发展的不了解，各个行业的生产规律相差很大，进而其生产周期以及利润率都有很大的差别；再者就是行业中会存在参差不齐的现象，由于对行业缺乏了解，银行出于规避风险的动机，会很乐意为由国家作为后盾的国有企业提供贷款，而许多优秀的民营企业则拿不到贷款，进而导致发展缓慢。所以目前亟须能够深入了解企业的专业银行，为企业提供金融支持。

2. 建设专业银行经验借鉴

大连银行。作为国内跨区域经营较早的一家城市商业银行，大连银行在行业金融的开发上处于国内城市商业银行的领先地位。根据各经营区域经济及行业集群发展特点，大连银行制定了包括汽车行业、工程机械行业、钢铁行业、化工行业、医药行业、工程基建行业、煤炭行业、日用消费品行业等在内的十大行业金融服务方案，基本覆盖了各分支机构所在区域（省、市）的重要集群行业。

以汽车行业金融为例，大连银行根据国内汽车行业供应商应收账款账龄短、金额大以及汽车经销商资金流动性需求较高的经营特点，结合汽车行业贸易链特征，为汽车供应商、经销商及终端用户量身设计了国内保理、汽车合格证质押融资、保兑仓等金融产品，加快企业资金回笼，提高资金使用效率，改善现金流。例如，为汽车供应商提供的国内保理业务就是大连银行基于受让汽车供应商与经销商订立的销售合同所产生的应收账款，为汽车供应商提供解决应收账款问题的综合性金融服务。[①]

武汉众邦银行。武汉众邦银行是一家致力于打造国内最大"互联网＋供应链金融"的民营银行，于 2017 年 5 月 18 日开业，注册资本 20 亿元，由卓尔控股、当代科技、壹网通科技、钰龙集团、奥山投资、法斯克能源共同发起设立。

众邦银行以中小微企业为依托，主要有四大产品：采购赢、应收易、即时付、舒薪贷。采购赢——以核心企业的应付数据为基础，帮助核心企业通过提前支付其应付账款而获得供应商现金折扣的竞价撮合产品，主要特点为线上自主撮合成交、定时管理应付账款、优化流动性资金结构、降低流动资金成本。应收易——企业将国内贸易中形成的应收账款转让给银行，银行提供应收账款融资等综合金融服务，主要特点为全线上操作、灵活处理多笔多家应收账款、一键式"易"收款、应收账款及时变现。即时付——核心企业向银行推荐供应商，提供与此供应商应付账款信息，并承诺在付款锁定的情况下，银行对这些买家的应付账款直接发放融资。舒薪贷——向个人发放的消费贷款。

3. 对建设专业银行的提议

大力发展专业化银行。鼓励银行深耕某几个特定的行业，系统地掌握行业的生产规律及特点，针对各行各业的不同特点，为各个

---

① 陈一洪：《立足行业金融支持实体经济——城市商业银行小企业服务的行业金融模式评述》，《南方金融》2012 年第 11 期。

行业量身定制属于本行业的金融产品，为来自各行各业的企业提供更加适合的金融服务。例如，传统的农业行业具有产品附加值较低，生产周期性明显，收入较为稳定的特点，所以对这一行业的融资的安全性较高。需要保证金以及建设厂房等大额消耗资金的项目对于农户来说，不是一笔小数目，银行可以通过专门的农户贷款将钱发放给农户，或进行保理业务，直接为有需要的农户提供保证金，提供厂房建设，缓解农户对流动资金的需求。

大举利用复合型人才。银行可以吸收大批其他专业的人才，例如化工、能源、制造业、食品等专业的高端人才。这些人更了解行业本质，对于行业的周期，以及生产过程中的必要要素都了如指掌。不同于简单的黑箱理论，专业的人可以从企业内部入手，细致分析，从而使银行充分了解其利润的来源以及周期性，做到更加精准地放贷。

多方联合确保贷款收益。银行可以通过担保公司提供的担保来进行有效率的放款。例如，新希望集团的普惠农牧担保，其主要采用"养殖户＋龙头企业＋政府＋银行＋养殖合作社＋上下游企业＋保险公司＋担保公司"八位一体的运作模式，为新希望集团上下游以及其整个产业链提供融资帮助。该运作系统可以让农户直接拿到生产资料，避免了资金被挪用的风险。通过担保公司的担保，银行的风险得以分散。两方合作，也可以使对实体行业不了解的银行为优质的企业提供融资帮助。

加强对企业信息的掌握。银行应加强与政府部门、行业机构、中介机构等合作，进行信息共享，加强对行业、企业信息的收集。在信贷交易之前，注意行业的走势以及政策动态。充分利用企业内部、媒体、上下游客户收集信息。贷款发放后，要保持与企业的联络，掌握企业发展状况，及早发现问题，提早进行风险防范。在发现问题后，要避免简单的直接抽回资金，这样容易导致企业雪上加霜，可考虑采取产品置换、期限调整、第三方担保等方式，实现银企共赢。

参考文献

杨健：《中国式"不差钱"与中国式"钱荒"》，《中国科学院院刊》2013 年第 6 期。

严力群：《产融结合与商业银行转型研究》，《时代金融》2017 年第 6 期。

马孟君、高彦彬：《中国式"钱荒"折射出银行业问题与结构调整》，《现代企业》2013 年第 8 期。

许珊珊：《银行资金"空转"需重视》，《中国金融》2016 年第 8 期。

李威、姚玥悦：《我国商业银行创新型同业业务风险探析》，《中国物价》2017 年第 8 期。

王文泽：《重新审视银行同业业务》，《中国金融》2016 年第 2 期。

张洋：《商业银行同业业务发展及风险防范、监管》，《财经界》（学术版）2016 年第 12 期。

潘洪其：《理财产品不能成为实体经济"抽血机"》，《企业观察家》2017 年第 5 期。

方先明、余丁洋、杨波：《商业银行理财产品：规模、结构及其收益的不确定性》，《经济问题》2015 年第 6 期。

于永宁：《我国影子银行监管法律制度的反思及重构——美国的经验及其借鉴》，《法商研究》2015 年第 4 期。

董薇：《商业银行影子银行业务监管机制设计研究》，中国海洋大学硕士学位论文，2014。

方先明、谢雨菲：《影子银行及其交叉传染风险》，《经济学家》2016 年第 3 期。

庄鹏冲：《试论商业银行如何支持实体经济》，《金融时报》2015 年第 12 期。

王菁：《我国商业银行业务差异化策略研究》，《中国金融》2009 年第 11 期。

陈娟娟、侯娟：《商业银行同质化监管和差异化监管效果的对比研究——基于"无效区间指数"》，《上海金融》2015 年第 6 期。

王襄、陈娟娟、黄子健：《银行业同质化经营、分类监管改革与"监管幻觉"》，《金融经济学研究》2014 年第 5 期。

王志成、徐权、赵文发：《对中国金融监管体制改革的几点思考》，《金融理论与政策》2016 年第 7 期。

高永林：《我国商业银行投贷联动机制的探索》，《金融经济》2016 年第 20 期。

董晓林、金幂、杨书：《经济新常态下城市商业银行效率及其影响因素分析》，《新金融》2016 年第 1 期。

陈一洪：《立足行业金融支持实体经济——城市商业银行小企业服务的行业金融模式述评》，《南方金融》2012 年第 11 期。

科技企业发展对金融供给侧
改革的需求研究

当前，我国已步入创新驱动发展的新阶段，发挥科技创新在全面创新中的引领作用，培养和扶持一大批高技术、高成长和创新能力强的科技企业发展壮大至关重要。

从国际科技创新的历史进程来看，科技的重大突破和应用，往往都是与金融创新相耦合，任何一项科技成果，在其研发、成果转化直到实现产业化等各个阶段，都需要通过金融市场解决不断放大的资金需求。科技金融是以培育高附加价值产业、创造高薪就业岗位、提升经济体整体竞争力为目标，促进技术资本、创新资本与企业家资本等创新要素深度融合和聚合的新经济范式。金融创新对科技进步有着极其重要的促进、保障和拉动作用，是科技创新的触发器和助推器。因此，需要进一步解放思想深化改革，在科技金融体制上进行重大突破，打开科技企业成长空间，释放科技创新能量，使我国庞大的金融资产优势和快速发展的科技创新优势链接起来，为落实创新驱动发展创造实现条件。

我国金融市场正在加速转型，利率和汇率市场化改革逐步推进，人民币国际化步伐加快，多层次资本市场体系初步形成，以互联网金融为代表的新业态金融快速发展，金融产品日益丰富，交易工具逐步完善，金融市场的国际化、法制化和市场化水平不断提高。但是，研究发现，在国家巨量财富和庞大金融资产的格局下，科技创新企业依然存在融资的结构性短缺，存在融资难、融资贵、融资慢、融资少等问题，很多极富潜质和成长性的科技企业因无法获得资金而受挫；同时金融服务于科技企业也存在诸多难点，金融供给难以满足科技创新的融资需求。

解决上述两个矛盾，需要从金融工具、组织、制度等供给侧进行改革，完善从实验研究、中试到生产以及流通的全过程科技创新融资模式，促进科技成果资本化、产业化，不断释放创新创业红利。

一　科技企业传统生命周期理论和成长新趋势

（一）科技企业的生命周期类型与成活比例

科技企业生命周期理论是在传统企业生命周期理论的基础上发展起来的，其主要强调科技企业自身的特殊性。尽管研究者们对科技企业生命周期的划分有多种，但大多数学者认为：通常可以将科技企业的生命周期划分为创意期、初创期、成长期、扩张期、成熟期和蜕变/衰退期（见图1）。

然而，并不是所有科技企业都能够走完全部生命周期，在不同的阶段，都有一些企业"死亡"。根据国家工商总局对2008~2012

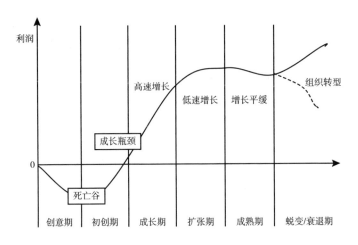

图1　科技企业生命周期模型

年内退出企业的寿命分布（见表1），大部分的企业都无法完成全部生命周期。

表1　中国企业生命周期内的存活情况

单位：%

生命周期阶段	本阶段内的死亡率	阶段末的存活率
创意期（存活1年以内）	13.7	86.3
初创期（存活2~3年）	25.8	60.5
成长期（存活4~6年）	28.4	32.1
扩张期（存活7~9年）	16.1	16
成熟期（存活10~19年）	12.8	3.2

资料来源：《全国内资企业生存时间分析报告》，国家工商总局，2013年6月。

对于那些能够走完全生命周期的科技企业来说，其成功的核心要素有很多，如战略、人才、资金、能力等，但是有一个因素不可或缺的，那就是在企业生命周期的多个阶段，其融资需求都能够得到基本满足和解决。2012年，创业公司 Genome 针对3200多家高成长科技企业所做的调查显示，任何一个企业成功的过程中都需要在客户、产品、团队、商业模式以及资金等方面保持平衡。[1]

　　而对于那些失败的科技企业来说，其失败的原因也是多方面的，但资金不足造成资金链断裂是最直接因素。2014 年美国科技市场研究公司 CB Insights 通过分析 101 个科技创业公司的失败案例，总结出科技创业公司失败的 20 大主要因素，排在第二位的就是现金不足，29% 的创业公司认为自己创业失败的原因是"现金用完"（见图 2）。[2]

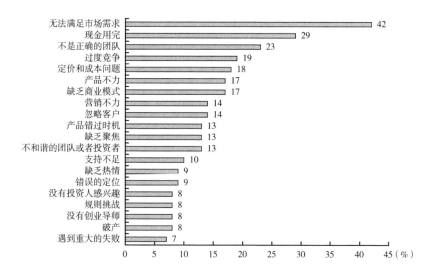

图 2　科技创业公司失败的 20 大主要原因

　　因此，企业融资问题是科技创业企业成功的关键，需要对其融资需求进行关注和深入研究。

---

① 《为什么大多数的创业公司会失败》，http://www.chinaz.com/start/2012/0719/263781.shtml。

② 《20 个血泪教训：我的创业公司为什么失败》，http://www.cyzone.cn/a/20141011/264161.html。

（二）生命周期的中美比较——美国"一企功成万企荣"与中国"一企功成万企枯"

据统计，我国 59.1% 的科技企业寿命不超过 5 年，仅有 3.2% 的少数企业能够完成整个生命周期，存活 20 年以上。而美国《财富》杂志的统计数据显示，美国 62% 的企业寿命不超过 5 年，只有 2% 的企业能存活 50 年。贝塔斯曼（Bartelsman）等人通过对 10 个经合组织（OECD）国家的数据分析发现，20% ~40% 的企业在最初 2 年之内就会退出市场，40% ~50% 的企业可生存 7 年以上。[①]

总体来看，我国企业的生存规律与这些国家相近。但是，需要注意的是，尽管我国和美国走完全生命周期的科技企业都是少数，经营结果却大为不同：美国的这些科技企业是在吸收了半周期或者部分周期科技企业的基础上发展起来的，即"一企功成万企荣"。例如近年来充满传奇色彩的脸谱公司（Facebook），经历了一连串的并购，被并购的公司先后关闭，但是几乎所有技术和管理团队都融入脸谱公司。我国经历全生命周期的科技企业则大多是在众多同行中奋力拼杀出来的，即"一企功成万企枯"。例如白色家电行业，鼎盛时期行业内有企业上万家，最后仅剩下海尔、格力等为数不多的龙头企业。

（三）互联网时代科技企业生命周期的新趋势

随着科技的进步，大数据、云计算、移动互联网等新一代信息技术的广泛应用正在颠覆和重构当代社会和经济结构，引发了新一

---

① 国家工商总局：《全国内资企业生存时间分析报告》，2013 年 6 月。

轮的产业变革。企业生命周期也随之发生变化，对应于传统生命周期曲线：一是曲线变陡、周期缩短，科技企业成长加速；二是很多中小科技企业成长周期不完整，只经历前几个阶段，就被并购汇入大型企业中；三是出现跨周期成长的科技企业；四是成熟企业的分化加剧。

1. "大众创业、万众创新"引发创新潮，社会资本创建的众创空间蓬勃发展，不仅大大提高了科技企业的创业成活率，也明显缩短了企业的生命成长周期

自从加快实施创新驱动发展战略，积极推进"大众创业、万众创新"以来，全国掀起了创业热潮。据统计，2015 年全年新注册企业近 400 万家，其中科技企业占据较大比重。以北京市为例，仅在 2015 年就新增科技企业 4 万多家。在此轮浪潮中，传统的孵化器、加速器、高新技术园区以及新兴的众创空间、创客空间的发展，使创新与创业、线上与线下、孵化与投资相结合，为科技企业的成长提供了低成本、便利化、全要素的开放式综合服务，大大降低了创意期、初创期科技企业的试错成本，提高了创业成功率，加快了企业的成长速度，成为孵化科技企业加速成长的新引擎。值得关注的是，社会资本热衷于创办众创空间，不再只是地方政府的"专利"。

2. 科技革命使科技企业的生命周期缩短、成长轨迹分化加剧

在以互联网为代表的信息技术革命的影响下，信息、知识的交流不断加快，在一定程度上降低甚至消除了信息的不对称，加快了科技企业的发展，使传统上需要 20~30 年才能完成生命周期缩短为 5~10 年，并且缩短速度还在不断加快。例如，小米科技创业的起点很高，经历的创意期和初创期的时间极短，其从 2010 年 4 月成立到 2011 年 8 月正式发布小米手机 1 仅仅用了 1 年多的时间，而且很快就进入了快速成长期。小米科技从无到有直至成为一家估值高达 450 亿美元的科技公司仅仅经过了 5 年的时间，达到很多传统大型科技公司历经 20 年都无法达到的高度。

对于成熟期科技企业而言，过去成功的创业经历也不意味着可以高枕无忧，科学技术飞速发展、不断变革的时代，成熟企业面临越来越大的颠覆式创新及"弯道超车"压力，成熟期科技企业成长轨迹的分化明显加剧，在一些企业飞速成长、越做越强的同时，还有一些企业会逐渐衰亡。如数码影像技术的发展，使严重依赖于胶片产业的数码器材巨头柯达走向没落；智能手机技术的发展，使固守传统功能机市场的诺基亚走向灭亡。

3. 技术创新带来了服务创新、模式创新和机制创新的叠加式综合创新及跨界融合式创新，进一步提升了科技企业的成长速度

随着移动互联网和大数据等技术应用创新的发展，互联网正以开放、融合的态势渗透到各个领域，更深层次地影响着经济社会的发展。科技企业的创新创业不再局限于传统的产品和技术方面，技术创新往往带来服务方式、商业模式、运行机制等方面的全面创新、融合创新。如 360 安全卫士的发展路径，就是在创新互联网安全技术的基础上，嫁接免费经济的商业模式，通过免费吸引流量，通过流量创造价值、继而盈利。并且互联网使各种资源整合的效率及成本不断提高，创新在行业、产品、服务的边界变得更加模糊，跨界融合进一步加快。如阿里巴巴除了电商平台，还进军金融、本地生活 O2O、教育、旅游、汽车、房地产、医疗健康、硬件、游戏等多个领域；小米除了做手机，还扩展到电视、农业、汽车及智能家居业务。这种叠加式综合创新、跨界融合式创新也影响着企业的发展速度，大大缩短了企业的成长周期。

4. 越来越多的成熟期大型科技企业依靠并购实现升级和扩张，通过构建平台化的创新生态系统，为企业获得源源不断的技术创新资源

面对越来越大的颠覆式创新压力，越来越多的大型科技企业通过并购和打造众创平台来实现突围。一方面，依靠并购实现快速成长越来越成为科技企业，特别是大型科技企业的发展潮流。据金融数据提供商 Dealogic 统计，2015 年中国国内并购交易金额达 6098 亿美元，增长幅度达 50%；海外并购金额总计 1119 亿美元，首次突破 1000 亿美元的数字关口，也是并购金额第六年获得连续增长。以交易规模计，发生于科技行业的并购居于首位，房地产和金融行业紧随其后，2015 年科技领域的海外并购交易额达到 188 亿美元，同比增长 87%。①

另一方面，大型科技企业也正在通过打造众创平台来进行创新，通过打造平台化、自循环的创新生态系统，为企业获得源源不断的科技创新资源。例如，海尔推出了开放式创新平台 HOPE，目前已经拥有超过 10 万家资源注册用户，在线上聚集了众多技术创新领域的专家、中小企业、创客、创业者。又如先声药业，也计划打造开放式的制药创新平台——百家汇，通过这个平台把产、学、研、资、政环节打通，融汇研发项目、研发资金、研发人才资源，形成药品研发创新的生态系统。

二　不同成长阶段科技企业的融资痛点

科技企业是创新发展的重要载体，企业的规模、质量以及存活

---

① 《2015 年中国海外并购金额首超 1000 亿美元》，http：//www.gywb.cn/content/2016 - 01/07/content_ 4450009. htm。

率、成长率是一个经济体未来竞争力的决定要素。科技企业在成长过程中，对资金需求有其阶段性选择的特点。融资痛点是指其在融资过程中所遭遇的感触最深、有切肤之痛的困难和问题。总体而言，当前我国科技企业融资面临的困难主要是：内源性融资体量有限，无法支撑企业的发展；外源性债权融资，存在信息不对称、风险偏好不同、传统银行机制与科技企业发展特征不匹配等结构性问题；外源性股权融资，存在企业让渡部分股权，影响创业者对企业的控制力和未来收益问题；创业板、中小板上市门槛高，融资规模有限且融资成本高，新三板尚处于扩容阶段，企业质量差异极大，分层制度即将推出，融资功能还没有得到充分发挥；互联网金融（众筹、P2P 等）存在法律界定不完善、网上欺诈等问题。

不同生命周期阶段科技企业的融资痛点主要表现在以下几方面。

（一）创意期（初创前期）融资痛点：内源性融资难以满足需求，外源性融资风险大，导致出现"死亡谷"

在创意期，企业尚未真正建立起来，它们处于研发阶段或者是技术研发中后期，这时企业尚处于纯投入阶段，无法产生销售收入和利润；在初创前期，科技企业还没有形成正常的销售和利润，企业缺乏正规的财务记录和相关信用记录，技术研发同样面临极大的不确定性，企业失败的概率很高，此时很难估计创新活动的资产价值。融资主要依靠家庭、朋友或者个人积累等内源性融资，而外源性融资因其风险太高非常难获得，因此这一阶段在企业生命周期曲线中被称作"死亡谷"。

尽管众筹和天使投资的快速发展使创意期（初创前期）科技企业的融资难问题有一定程度的缓解，但没有从根本上解决其痛点，这是因为：一是天使投资为了与其承担的高风险相适应，往往对科技企业提出一系列严苛的股权和预期收益要求，创业者不易接受；二是股权众筹在我国发展仍不成熟，还存在与非法集资法律界限不清晰等法律风险，以及股东数量限制等政策障碍；三是我国的天使投资人数量少，资金规模还不能满足创业者的需要。2015 年我国天使投资机构共投资 2075 起案例，交易金额 101.88 亿元人民币。[①] 然而美国平均每年的天使投资总额约为 200 亿美元，有近 30 万个天使投资人，个人数量是机构数量的 100 倍左右；而在我国，天使投资总额刚超过 100 亿元人民币，个人天使投资人数量不足 1 万个，[②] 况且美国天使投资所需的环境和土壤要优于我国，我国天使投资还有很大的发展潜力。

（二）初创后期和成长期融资痛点：债权融资不能规模化进入，股权融资损失股权过多，出现“成长瓶颈”

进入初创后期和成长期的企业，资金需求快速膨胀，而资金供给空前紧张，呈现明显的“成长瓶颈”特征：企业的创业者们已经真实看到了企业成长和发展的前景，亟须快速形成市场规模，需要大规模的外源性资金支持；然而这时候，风险投资不能完全满足企业的资金需求，同时，企业的创业者们顾虑由于股权稀释而失去企业控制权，导致企业发展背离创业者的愿望，因此不再愿意选择过多风险投资等权益资本的介入，更加愿意引入商业银行等金融机构提供的债权性资金。然而此时科技企业的销售额、利润额以及资

---

① 清科：《2015 天使投资过百亿 创历史迎来最好时代》，http://money.163.com/16/0120/14/BDPF9P3L00253G87.html。

② http://news.xinhuanet.com/local/2016-01-29/c_128681372.htm。

产都相对较少，按照目前商业银行的经营理念和管理体制，成长期企业达不到银行的贷款抵押条件，许多具有创新特征的科技企业无法获得充足的资金。

科技创业企业"成长瓶颈"多发生在企业快速成长期。如果企业在这阶段较好地解决了外部资金供给问题，就会顺利进入扩张期和成熟期，但如果外部资金特别是债权性资金不能规模化进入企业，企业就可能丧失发展的机遇难以长大甚至夭折。

（三）扩张期融资痛点：股票发行上市慢、债券发行渠道窄、不确定性强

当科技企业进入扩张期以后，进入稳定的获利期，销售增长率和利润率会逐步稳定。这一阶段，科技企业开始积累利润和现金冗余，对融资的需求不再迫切。加之稳定的销售收入来源、较大规模的固定资产、稳定的商誉与品牌、丰富的信用记录，融资能力大幅提高。尽管商业银行愿意贷款，很多企业更青睐于通过公开市场发行股票（IPO）和债券进行低成本的融资。

但是我国的股权市场和债券市场发展还不充分。一方面，中小企业IPO成本高，发行时间和融资额度不确定程度高。据统计，我国境内发行上市的总体成本一般为融资金额的6%～8%，时间至少需要1年左右。但发行时间和融资额度受政策和市场波动的影响比较大，如果遇到IPO暂停发行等政策，实际上市所需要的时间根本就无法预测，在牛市和熊市中，发行市盈率和融资额度可能相差几倍，甚至数十倍，不确定性非常大。另一方面，我国目前对中小企业进行债券融资限制较多，例如债券评级AAA级、累计债券余额不超过公司净资产的40%才能公开发行公司债等条件，对绝大

多数中小科技企业而言要求太高。加之现有公司债券的规模偏小，尤其缺乏专门的中小企业的债券市场，很难满足扩张期科技企业通过债券市场进行低成本融资的要求。

（四）成熟期融资痛点：人才股权激励、海外并购融资难

科技企业在进入扩张期，尤其是成熟期后，开始考虑更加长远的企业发展规划和团队建设方案，除了人才招聘外，越来越多的企业会选择实行股权激励计划，通过有条件地给予激励对象部分股东权益，使其与企业结成利益共同体，激励和留住核心人才、技术骨干。这些核心人才身处企业之中，有的甚至参与创业全过程，对企业的发展前景有着清晰的认识，然而这些激励对象在按照股权激励计划购买公司股权时，面临融资困境。

除了股权激励计划，投资项目团队跟投制度是近年日益流行的一项分散风险和激励机制。VC（风险投资）、PE（私募股权投资）行业以及国内越来越多非金融机构，如万科、碧桂园等公司，在行业发展增速放缓、投资风险加大的背景下，推出项目跟投制度，要求一线管理层和投资项目团队强制性跟投，以实现利益捆绑、风险共担，提高项目的经营效益。然而项目运转、结算存在一定的时间周期，随着参与项目数量的不断增多，项目管理人员也面临资金紧张、融资困难的局面。

目前我国银行提供的个人贷款主要为购房贷款、汽车贷款、消费贷款、经营贷款等，尚无适用于股权激励、个人项目投资的贷款品种。若通过股权质押的方式获得贷款，目前银行仅接受部分上市公司的股权质押，中小板、创业板股票风险较高，非上市公司的股权价值难以判断，因此通过股权质押方式获得融资也难以实现。

此外，越来越多的科技企业通过海外并购来实现技术提升和跨越式发展，海外并购融资也成为新的痛点。在科技企业并购中，其交易额一般很大，仅凭企业自身的盈利和现金冗余很难凑够并购所需要的资金。近年来越来越多的海外并购中，缺乏足够的外汇资金以及银行响应速度慢也是科技企业所面临的一大难题。

三　金融服务于科技企业的难点

在我国，为科技企业成长提供金融服务的机构主要有：发行股票债券的证券市场，贷款的银行，以及保险、租赁、信托等金融机构。据央行统计，2015 年新增社会融资规模为 15.41 万亿元，其中：贷款仍为实体经济融资主要方式，占 73.1%；企业债券占 19.1%；非金融企业境内股票占 4.9%。非金融企业境内债券和股票合计融资 3.7 万亿元，比 2014 年多 8324 亿元，占同期社会融资规模增量的 24%。可见，对于非金融企业，债券和股票融资有较大幅度的增加，企业直接融资占比明显上升。

近年随着互联网金融的蓬勃兴起且发展模式多样，金融脱媒发展加速，令传统金融机构原有的资源配置方式难以为继，传统金融服务于科技企业的难点更加凸显。主要表现为：风险管理能力不足，相关法律法规和管理制度滞后，跟不上科技企业的需求变化，需要探索与科技创新道路相适应的金融工具。

（一）商业银行对科技创业企业贷款的风险与收益不匹配

风险和收益相匹配是所有金融活动与定价的基础，商业银行也不例外。目前的商业银行制度，是针对成熟企业的一种设计，而不是针对科技创业企业成长规律设计的。科技创业企业具有创新活动的不确定性风险特征，而商业银行由于经营理念和贷款制度的约束，对科技创业企业融资望而却步。

商业银行的难点：一是现有信贷模式缺乏对科技创业企业的风险—收益匹配安排，科技贷款所得利息收入与其承担的风险很不匹配，一笔贷款坏账就可能导致银行多笔贷款收益归零，银行缺乏内生动力。二是目前银行秉持的"安全性、流动性、盈利性"经营准则与科技创业企业的"高风险、高收益"的特点之间存在结构性矛盾，缺乏针对以轻资产为主的科技创业企业的信贷评审、评价机制，即使是科技支行也难以摆脱商业银行贷款制度的束缚。三是银行信贷与科技创业企业的特征不相匹配，科技创业企业的融资需求更加灵活，时间要求更加紧迫，现有银行的服务体系难以满足。四是一般商业银行不能专注于科技创业企业，专业人员配置不足，难以展望技术前景、甄别企业潜力、发现风险问题，不能针对科技创业企业进行专门的制度设计。

目前我国一些商业银行设立科技支行，其贷款风险主要依靠政府提供的风险补偿资金，缓解了一些局部问题，但并没有从根本上解决风险和收益不匹配的结构性矛盾。2016年4月，银监会与科技部、中国人民银行联合印发了《关于支持银行业金融机构加大创新力度 开展科创企业投贷联动试点的指导意见》，鼓励和指导银行业金融机构开展投贷联动业务试点，试点区域、机构和时间有限，效果还有待进一步观察。

（二）资本市场支持科技创业企业功能较弱

我国证券市场目前已形成以主板、创业板（二板）、全国中小企业股份转让系统（新三板）、区域性股权交易市场（四板、OTC）为主的多层次资本市场体系，其中科技型创业企业可能的融资市场板块主要有：创业板、中小板、新三板和科技创新板。然而，目前这些市场板块对科技创业企业的扶持依然有限。

1. 创业板及中小板

创业板主要面向运作良好、成长性强的创业型企业；中小板的推出早于创业板，它是面向流通盘 1 亿元以下的创业板块，是创业板推出前的一种过渡。二者均对上市公司的净利润、收入、资产、股本等有严格的要求，已在中小板、创业板上市的企业大多处于成长期或成熟期，不适合初创期科技企业。并且由于上市融资增值倍数较高，一些非高科技中小企业也通过中小板、创业板融资，对真正的科技型中小企业形成挤出效应。

2. 新三板

新三板作为国内首个以注册制为雏形的资本市场，企业挂牌门槛低，深受中小企业的认可，也为风投和 PE（私募基金）提供了资本退出通道。然而由于挂牌门槛低，分层制度、做市商制度（交易制度）、退市制度、投资者准入制度等制度建设仍不完善，所以目前新三板市场的特征表现为企业申请挂牌很踊跃，但挂牌后股票交投不活跃。目前，新三板采用协议转让、做市转让两种交易方式，从制度安排上看，制度设计者是希望通过做市转让交易方式挖掘挂牌企业的潜在价值，提升相关挂牌企业的流动性。

做市商制度对整个新三板市场的交易、定价起着至关重要的作用，当前新三板的做市商制度仅有部分合格的券商可以参与，公募基金、保险公司、信托公司、证券咨询机构、私募投资机构等均未被允许成为做市商，当前这种制度安排使券商处于做市的垄断格局，由于券商做市部门受其年度业绩考核的约束，往往注重短期绝对收益的获得，而对挂牌企业流动性的管理则放在次要地位，这使已做市挂牌企业的流动性实际改善与预期相去甚远，已有新三板挂牌公司重新申请转回原来的协议转让方式，做市商制度完善的迫切性可见一斑。市场流动性不足，市场价值发现的功能就没有得到较好实现，根据 Wind 数据统计，超过 30% 的挂牌企业挂牌已满一年但仍处于既无融资又无交易的情况，这些企业挂牌新三板的目标与现实相差越来越远。

目前新三板做市商资格仅向券商开放，截至 2016 年 4 月 11 日，新三板做市商共 85 家，以做市方式转让的挂牌公司有 1048 家，平均每家公司拥有 5.34 家做市商，最多的联讯证券、华强文化做市商数分别为 40 家和 37 家。与之相比，美国纳斯达克市场的做市商达到了 600 家，平均每只挂牌股票有 20 家做市商做市，微软、苹果等规模较大的明星公司做市商数量超过了 60 个。[①] 相比之下，新三板市场的做市商明显处于垄断地位。并且新三板的分层方案中"创新层"的标准要求至少有 6 个做市商，将会进一步加剧券商做市商的垄断地位。

3. 科技创新板

科技创新板是上海股权托管交易中心 2015 年末开设的新板块，属于四板市场、地方性柜台交易（OTC），定位为服务科技型、创新型中小微企业，对挂牌企业的技术、成长性、企业规模等指标有明确要求，门槛略高于新三板。科技创新板实行与股权投资机构互

---

① 《新三板做市商制度改革的艺术》，http：//news. hexun. com/2015 - 12 - 25/181412247. html。

动的投资机制，鼓励投贷联动、投保联动的投融资方式，是目前在制度规则、创新机制、系统建设上最适用于科技创业企业的新型创新市场。但科技创新板刚推出，其市场运行情况仍未可知，并且科技创新板属于区域性交易市场，主要惠及上海地区企业，不是全国性的交易场所。

（三）以众筹为代表的新兴金融尚未获得法律认可，风险控制能力较弱，监管滞后于互联网金融发展的要求

众筹具有小额、大量、快速融资的特点，众筹可以专注于细分市场，对一些小众、原创的技术或产品通过聚集具有相同爱好、相同需求的小众群体，为这些之前难以被发掘的小众技术在创意阶段筹资。2015 年众筹行业迎来爆发式增长，全国众筹平台数量快速增长至 200 多家，行业成功筹资 114.24 亿元，增长率高达 429.38%。

然而，我国众筹行业发展尚未成熟，在很多方面都存在着不足，目前行业发展最大的难点就是法律法规对众筹的限制。一是如何区分金融众筹与非法集资行为，金融众筹游走在罪与非罪的边界上；二是根据《公司法》的规定，成立股份有限公司的股东人数不能超过 200 人，成立有限责任公司的股东人数不能超过 50 人，这对众筹的人数有了限制，众筹的优势难以发挥；三是众筹的特点使企业股东经常发生变化，按照《公司法》要求，公司股东变更需要履行的法律手续制约了众筹的灵活性。

以众筹为代表的新兴金融的另一难点是风险管理能力较弱。众筹项目发起人和项目原创性两方面均存在信用风险。对项目发起人信用的审核由众筹平台完成，过程不透明，发起人有可能以虚假身份融资后"跑路"，现有信用审核机制难以有效防范违法犯罪。众

筹平台上的项目知识产权性质明显，容易引发纠纷。众筹平台的开设成本较低，但在面临刚性兑付时，付款所需金额将远远超过众筹平台所能承受的限度。缺乏风险管理体系、基础设施和专业管理人才，导致风险管理能力相对不足，成为其发展的局限和瓶颈。同时，在公司注册、税收征管、人才引进等诸多方面也存在困难。

（四）债券市场同质化严重，托管制度、发审标准、风险披露等制度难以匹配科技企业的特点

债券市场方面，目前企业债券仍需实施集中统一的登记、托管、结算制度，无法适应科技企业生命周期短、技术更新快的特点。公司债券的发行主体限制也较多，以发债企业为主体的债券信用评级体系仍不完善，发审标准更多地强调历史经营业绩而不是未来的发展前景，将风险较高、不确定性较强的中小型、科技型企业排除在债券市场之外。

此外，我国债券市场风险标准同质化问题也较为严重，很难实现债券市场的风险定价功能。在中长期的信用债中，中低信用评级债占比较低，市场资源分配不均，资质低、正处于高速发展阶段的科技企业利用国内债券市场融资的机会非常小。并且我国债券产品缺乏创新，相对于发达国家，我国债券市场的品种不多，结构也不合理，难以满足科技企业的融资需要，也难以适应不同风险偏好的投资者。

（五）金融服务、金融监管的创新滞后于科技创新的步伐

当今时代，科技发展突飞猛进，创新创造日新月异，科技创新正在推动经济发展方式、社会生产生活方式的深刻变革。科技

创业企业在技术、产品、商业模式等方面创新较快，对融资支持的效率有极高要求，大多数企业仅拥有轻资产，金融机构用传统模式去衡量很难进行融资支持，融资时间也难以满足快速发展需要。

同时，科技企业的个性化融资需求特征明显，而大多数金融机构经营已经同质化。更为重要的是，金融机构缺少与科技创业企业相匹配的风险定价机制，考核方式和激励手段单一、滞后，尚未跟上科技创新的步伐。

四　有关科技金融创新的政策建议

金融支持科技企业创新发展是一个战略性问题，金融改革应瞄准科技企业融资的痛点和金融服务存在的难点，通过工具、组织、制度等供给侧改革，增强对科技企业的资金保障能力。特别是在"大众创业、万众创新"的形势下，金融服务要更注重对科技创业型企业的扶持，防止这些企业因得不到融资，出现断崖式倒闭。

一是坚持市场化发展。在我国经济转型深化的关键时期，金融必须适应经济结构调整和产业转型升级的方向，支持创新驱动发展战略是金融在新常态下的内在逻辑。金融服务于科技企业要充分发挥市场在科技创新资源配置中的决定性作用。

二是符合科技企业成长规律。科技企业筹资、投资、结算、风险需求更趋复杂，要求金融具有与之适应的定制化、专业化、一站式服务能力。因此，应在风险可控的原则下，创新符合科技企业成长规律和特点的金融产品和服务模式。

三是跟上科技创新发展的新趋势。当前全球创新态势发生深刻变化，以信息技术为核心的技术群交叉融合、加速突破，科技创业企业的创新活动更多样、路线更多变、链条更灵巧，科技、商业模式、产业等创新协同更紧密。金融服务于科技创业企业应跟上科技创新发展的新趋势，积极在风险控制、产品研发、服务创新等重点领域寻求突破，形成能够兼顾风险与收益，以企业为中心、以市场为导向的经营文化和制度环境。

根据以上原则，提出金融服务科技企业的几点建议。

（一）支持并规范众筹等互联网金融的发展，弥补科技企业创意期、初创前期"死亡谷"的融资痛点

建议顺应信息技术发展趋势，支持并规范众筹等互联网金融业态发展。一是完善法律法规，将众筹和非法集资的界限用法律的形式明确下来，修改《公司法》对有限责任公司股东 50 人、股份公司发起人 200 人上限的限制。二是对众筹项目设置个人投资上限，通过小额、大量的模式分散和控制风险。控制众筹融资规模，降低项目风险向投资者转移的幅度。在"两限"（个人投资上限和融资规模）的条件下，对众筹实行备案制管理。三是便利工商注册、变更等环节，探索网上开展工商注册信息变更备案制。四是督促众筹平台加强内部控制和风险管理，加强对潜在风险的监测。

（二）设立科技创业银行和科技金融集团，弥补我国银行体系的结构性缺陷和功能不足，缓解科技企业初创后期、成长期的"成长瓶颈"

科技创业银行是为成长期科技企业量身定做的制度创新银

行。其特点，一是参照美国硅谷银行模式，与风险投资机构建立"投贷联盟"，依靠风投的专业和人才优势，真正发现有成长潜力的技术和创新企业，为其提供贷款、债转股、认股权证等股权与债权相结合的多样化融资服务，解除科技企业担心股权被稀释的后顾之忧，缓解初创后期、成长期科技企业"成长瓶颈"的融资痛点。二是创新风险控制机制，科技创业银行控制风险的思路由传统银行的"减少亏损"转变为"增加收益"，尤其是认股权证、可转债的制度安排，一旦贷款的企业创业成功，就能够分享其成长红利，也可以弥补其他企业创业失败带来的贷款损失，解决了银行向科技企业贷款时风险和收益不匹配的痛点。三是在制度设计上，科技创业银行与科技企业利益一致、共同成长，除了提供资金支持，科技创业银行也为科技创业企业提供持续的增值服务，帮助企业改进管理、建立健全财务制度、完善企业法人治理结构、防范和控制风险，帮助科技企业成功实现创业。

科技金融集团是拥有投资、银行等牌照的集团，具有现代金融服务运行模式。其核心是要确保集团内银行板块和风险投资板块的股东利益一致，保证收益和风险可在集团内实现再分配，也能取得与科技创业银行类似的效果。

建议尽快落实党中央、国务院《关于深化体制机制改革　加快实施创新驱动发展战略的若干意见》，启动科技创业银行和科技金融集团试点工作，进行科技金融创新探索。可考虑在科技和金融资源比较富集、科技企业活跃的中心城市及国家高新区先行试点设立科技创业银行或科技金融集团。

（三）推进以信息充分披露为核心的证券、债券发行交易制度，建议新三板推行分层分块制度，放开非券商做市，为具有发展潜力的科技企业提供公允的价值发现

建议推进以信息充分披露为核心的证券、债券发行交易制度改革，设计科学的信息披露透明及风险提示机制，保障资本市场的价值发现功能，使科技企业在资本市场能够方便、快捷地获得有效直接融资。

建议新三板加快改革步伐，与创业板、科技创新板等市场实现错位发展，打造良性竞争的多层次资本市场，填补科技企业的融资需求空缺。一是逐步推行"分层分块"改革。在"基础层""创新层"横向分层的基础上，建议有针对性地纵向设立"科技板块"，充分展现科技创业企业高风险、高收益的特质，强调发现企业的未来价值，实行差异化、精细化管理，投资者也可以根据自己的投资偏好、风险承受能力、资金规模等实际情况准确地做出投资选择，吸引具备专业知识、注重发现未来价值的投资人。二是在新三板的"科技板块"中实行非券商做市商制度，允许具备一定资格的风险投资机构（VC）作为主办人和做市商。一般证券公司是以企业当前的盈利水平定价的，而风险投资机构的专业素质是发现有成长潜力的技术创新企业，更适应这个板块的企业特点，可为科技企业提供公允合理的报价，并帮助其顺利获得融资，解决快速成长期科技企业的权益性融资痛点和这类证券市场交易不活跃的难点。

进一步完善债券市场的信用风险评价体系，保证充分的信息披露和风险提示，以合格机构投资者和场外市场为主发展债券市场，建议增加风险级别较高的企业债券，推广多个企业捆绑集合发行的

集合债券（票据）等，通过结构化增信设计、风险分层，拓宽中小型、科技型企业的债券融资渠道，吸引风险承受能力强的投资者参与认购，更加准确地发现债券价值，促进债券流通性，降低发行成本，为企业提供风险透明、充足低价、各层次种类齐全的债务性融资。

（四）金融支持科技企业海内外并购，实现"一企功成万企荣"

鼓励中小科技企业合并或汇入较有实力的大型科技企业，整合技术管理资源，实现规模经济。加大对并购重组的资金支持力度，推进多种市场化并购支付手段，创新并购融资工具，如并购贷款、并购债券、并购基金、定向可转换债券、换股收购、卖方融资等。加强场外交易市场建设，充分利用资本市场价值发现的功能，提高科技创业企业市场估值效率。

鼓励我国银行、保险公司和非金融企业收购国外金融机构，通过并购国外金融机构获取低成本资金，开展内保外贷业务，直接支持我国企业并购海外技术、人才和资源。

（五）贯彻共享发展理念，开展全生命周期"伙伴金融"服务试点

瀚华金控集团提出的"伙伴金融"计划是指以资源共享、风险共担、利益共享为特征的"企业＋金融机构"新型合作模式，其核心是打造科技企业与金融机构的亲密合作双赢关系，使科技企业能够一心一意研发技术、开拓市场，而金融机构针对企业生命周期各阶段的融资需求开展综合、连贯的金融服务，伴随企业成长、

分享成功创业收益。因此"伙伴金融"计划要求金融机构具备银行、证券、保险、信托等金融业全牌照，能够提供综合性金融服务。建议支持若干家全牌照的金融机构开展"伙伴金融"与科技创业企业的合作试点。

（六）为科技企业人才激励发放个人贷款

科技企业进入扩张期、成熟期，推行股权激励计划时，核心技术人员和高管由于缺乏抵押，往往没有能力一次付清所得股权的款项；投资机构的项目团队在参与项目跟投的计划时，也会由于参与项目过多，出现资金不足的情况。建议银行开发科技企业人才激励专项个人贷款产品，填补个人融资的需求空缺。银行可以将个人所得股权进行质押，发放针对个人的股权质押贷款，由于此时企业的发展轨迹及未来企业价值已相对明晰，银行在严格审核下可以做到风险可控。

产融协同：金融服务实体经济新思维 | **案例篇**

新希望集团："三农"普惠
金融领军者

新希望集团始创于1982年，生产经营领域包括饲料生产、农业科技、食品加工、渠道终端、设施建设、金融服务等，集团连续15年居中国企业500强前茅，饲料生产世界排名第一，肉食加工全国排名第一，乳业公司全国排名第四。新希望集团在全球30多个国家和地区拥有分公司和子公司超过600家，员工近7万人，年销售收入近1000亿元人民币，目前已逐步成为以现代农业与食品产业为主导，并持续关注、投资、运营具有创新性和成长性新兴行业的综合性企业集团。

一 新希望集团对产融结合的理解与探索

新希望集团涉足金融投资始于1995年，是最早投资金融的中国民营企业。目前集团对金融发展的定位：一是要围绕产业展开，真正在产融结合上做文章；二是确保金融操作合法合规，积极配合金融监管，避免金融风险；三是在有限的空间内，积极尝试金融创新，利用最新金融科技成果，最大化提升金融投资的效率。

（一）对民营企业产融结合发展阶段的理解

新希望集团副董事长王航在座谈中，介绍了他对产融结合的理解，他认为民营企业投资和发展金融存在一定的必然性，大致可分为四个阶段。

第一是实业发展阶段，企业发展实业需要融资，但创业初期缺乏企业信用，传统的金融机构无法提供充足的资金支持。有些企业试图自力更生，自主投资城市信用社等小型金融机构来支持主业发展。

第二是资产配置阶段，企业经过一段时间的积累以后，为了平滑行业周期性风险，通常会进行多元化资产配置。而金融领域的特点是：严监管、安全性高，过度保护、牌照稀缺，收益性好、流动性高，对实体企业而言，投资金融业是一种优化资产配置的必然选择。

第三是供应链金融阶段，企业发展到一定阶段，通常会进入平台期，面临发展瓶颈，这时要实现稳定持续的增长，就必须自己创造需求，增加客户黏性，打通上下游产业链，掌握制定产业规则的话语权，把产业链打造为价值链，这就要求企业为上下游提供信用支持，即发展供应链金融，这标志着产融真正开始结合。

第四是金融资本化阶段，产融结合进一步深化之后，未来实体产业部门的利润会逐渐通过金融收益的形式体现出来。金融产品具有标准化高、可实现性强的特点，将来产业的功能更多的将是创造现金流，利润转而通过金融实现，这就是金融内部化的"内金融"。此时产业资本的属性就比较难以界定了，这是一个产业资本向金融资本转化的阶段。

新希望集团的产融结合实践始于第二阶段，目前正处于第三阶段。

（二）集团整体金融布局

新希望集团目前资产规模已超过 1100 亿元，并且保持着稳健的财务结构。集团旗下拥有银行、证券、互联网金融和基金等多种金融业态布局，金融板块资产比重约为 30%，利润占比大致也为 30%。

金融机构方面，新希望集团为民生银行重要股东之一、民生人寿的主要发起股东之一、新网银行的主要发起股东之一、华创证券的重要股东之一。集团为避免发生关联交易，与这些金融机构基本没有业务往来。1998 年四川新希望农业股份有限公司（2011 年更名为新希望六和股份有限公司）创立，并于同年在深交所成功发行并上市。

整体金融发展方面，集团财务公司 2011 年成立，主要功能是集团整体的资金管理，调剂集团内部资金流，为集团内部公司间的交易提供票据结算、票据贴现服务，并利用票据进行再贴现，将集团融资成本控制在 4% 以下。

农业供应链金融方面，新希望集团设立了普惠农牧担保、新希望商业保理、希望金融三家下属公司，打造组建新希望体系的多牌照金融服务机构，为上下游产业链提供多样的融资服务。普惠农牧担保 2007 年成立，截至 2017 年上半年，累计担保贷款 307.52 亿元，累计担保扶持养殖户 14 万户次，养殖户实现产值近 900 亿元。新希望商业保理 2014 年成立，目前客户总量累计超过 500 户，累计放款总量超过 4.5 亿元。希望金融是 2015 年上线的国内第一批专注于农牧供应链金融的互联网金融服务平台，截止到 2016 年 10 月，希望金融累计成交额达 28 亿元，并保持零坏账风控记录。

海外业务方面，新希望集团目前在海外 36 个国家投资了 52 家公司及产业，主要是饲料厂、种禽场，累计投资额超过 50 亿元人民币。海外资产总额约为 100 亿元人民币，占集团总资产 8% 左右。

二 新希望集团产融结合的实践

新希望集团最大的实体产业板块是食品与现代农业，农业产业融资具有周期短、流转速度快的特点，如生猪出栏周期为 6~7 个月、肉鸡出栏周期为 40~50 天，因此集团实体产业的融资压力并不大，最初发展金融是为了更好地扶持和帮助农户，从而获取质量更好、成本更低、安全健康的畜禽。

（一）普惠农牧担保的产融结合实践

2007 年，新希望集团开始尝试发挥一体化运营的产业链优势，联合多方力量创建养殖担保体系，开全国之先河，第一个试水农户担保。在三年实践的基础上，2009 年注册成立了普惠农牧融资担保有限公司（简称"普惠农牧担保"），2015 年普惠农牧担保增资至 3 亿元，开启了全国发展的序幕，目前已成为中国第一大农户担保公司。

普惠农牧担保主要采用"养殖户 + 龙头企业 + 政府 + 银行 + 养殖合作社 + 上下游企业 + 保险公司 + 担保公司"八位一体的运作模式，为新希望集团上下游及整个农牧产业链开展融资担保。其基本业务流程为：种禽场/饲料厂首先向普惠农牧担保推荐客户，普惠农牧担保对客户进行资信调研后，将客户推荐给合作银行，待银行审查相关材料无误后发放贷款，新希望集团提供担保。

普惠农牧担保采用的是资金封闭运作模式，根据不同合作银行的要求，一部分银行直接将贷款打给种禽场/饲料厂，一部分银行要求将贷款转入普惠农牧担保账户，由担保公司进行资金代管，定向支付给相应种禽场/饲料厂。这种模式能够保证银行贷款专款专用，有效避免了农户有钱不还、资金挪用的风险，农户获得的银行贷款直接转化为饲料、种苗等生产资料的形式，在产业链内部流动，待农户养殖物出栏后，产品进入下游冷藏厂，担保公司统一结算利润盈余后，给农户结算收益。新希望集团作为产业链的核心企业，利用普惠农牧担保作为中间纽带，与长期合作的上游种禽场/饲料厂、下游冷藏厂、设备供应商合作放款，形成资本闭环，既保证了资金运作的灵活性，又保证了资金的安全可控（见图1）。

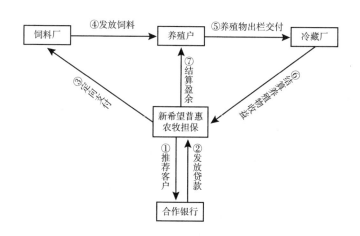

图1　普惠农牧担保基本业务模式

经过八年多的运营，普惠农牧担保已经与中国建设银行、中国银行、招商银行、华夏银行、青岛银行、交通银行、北京银行等金融机构开展合作，普惠农牧担保旗下已拥有近20家分、子公司，150多个办事处分布在全国各地。2016年，普惠农牧担保的信用评级提升为AA级，并获得了"山东省金融创新先进单位"等一系列荣誉称号，这是政府、金融机构以及社会各界对普惠农牧担保工作的支持和肯定。

（二）新希望商业保理的农业供应链金融实践

新希望商业保理成立于2014年，致力为中小微企业及农户提供低利率成本的融资服务，以"手续简单、产品设计灵活，放款高效"为产品特点。以生猪养殖产业为例，新希望集团业务涉及饲料、养殖、食品加工等产业链的方方面面，与之对应的，新希望商业保理从饲料销售到养殖端建养殖场，再到肉食品终端销售，与集团实体产业公司进行全方位合作，为养殖户经销商提供全面资金支持，促进农牧板块主业的稳健发展。

1. 服务养殖户的产融结合实践

在养殖板块，养殖户主要的资金缺口源于猪场建设以及养殖保证金。针对与新希望体系养殖公司合作的代养户，保理公司推出了两款产品，一款是针对代养户的保证金，保理公司通过替养殖户先期垫付保证金，解决了养殖户保证金资金缺口。另一款是针对代养户的猪场建设，保理公司通过先期垫付代养费，可以部分解决养殖户更新升级猪场的资金需求。

以养殖保证金保理为例，其基本业务流程是：养殖公司首先与养殖户签订放养协议，养殖公司将养殖户应当缴纳的保证金作为应收账款，以较低价格转让给保理公司，差价作为养殖公司提前收回账款的融资成本。保理公司代替养殖户向养殖公司支付保证金，养殖户收到生产资料开始养殖，待养殖物出栏后，将养殖物交付给养殖公司。养殖公司统一结算，将养殖物收益扣除保证金等费用，最后将收益盈余支付给农户，同时归还保理公司前期垫付的保证金（见图2）。

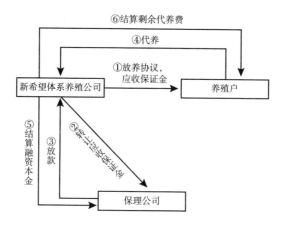

图 2　养殖保证金保理业务模式

保证金保理和猪场建设保理（见图 3）从不同维度解决了养殖户跟养殖公司初始合作的资金瓶颈，使越来越多的养殖户加入新希望养殖板块，促进了整个养殖产业链规模的迅速扩大。同时，新希望体系养殖公司则利用上下产业链体系，进行闭环式资金管理，农户只能以生产资料的形式接触资金，实现了资金利用效率最大化、金融风险最小化。

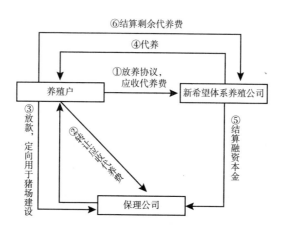

图 3　猪场建设保理业务模式

2. 农业产业上游——饲料厂端的产融结合实践

新希望商业保理 2014 年开始研发拓展适合饲料厂的保理产品，目前已经形成较为成熟的标准化产品，并根据饲料销售的特点摸索出一套饲料保理业务风控体系。保理公司的饲料业务客户覆盖所有新希望体系饲料厂，客户总量累计超过 500 户，累计放款总量超过 4.5 亿元。

饲料销售保理的基本逻辑为：新希望体系饲料厂将赊销给下游经销商和养殖户的应收账款转让给保理公司，保理公司放款至饲料厂，最后由经销商/养殖户按约定还款至保理公司（见图 4）。通过饲料销售保理，一方面，饲料厂可以稳定客户群，通过加杠杆扩大销售量；另一方面，经销商/养殖户通过融资解决了周期性资金周转困难。

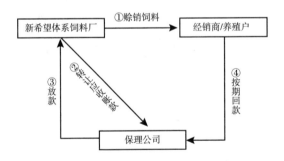

图 4 饲料销售保理基本模式

目前，保理公司根据客户风险程度的不同，主推 2 种产品——"保理通"及"希望白条"，每种产品面向不同的客群，适用不同的风控模型和定价机制。"保理通"主要针对饲料厂已合作多年的老客户，授信额度主要基于饲料厂提供的交易流水，并根据拟申请额度大小以及客户自身资信状况增加担保人。"希望白条"

主要针对饲料厂拟新开发的客户，授信额度为 10 万元，风险控制主要看养殖规模，无须新希望饲料交易流水、无须增加担保人以及房产车辆抵押，费率相对较高。此外，针对大型公司化规模养殖场，保理公司提供定制化产品服务，通过母猪抵押、股权质押等多种增信措施，提高授信额度，以满足大型养殖公司的流动资金周转需求。

3. 农业产业下游——农产品销售端的产融结合实践

新希望六和股份有限公司作为全国领先的肉类食品供应商，旗下有"六和""千喜鹤"等多个知名品牌，由于肉类食品具有季节性，需要适时囤货，而下游商超的账期又普遍在 15～90 天，会形成季节性资金周转需求。

保理公司优选大型优质食品经销商，为其定制资金池保理业务模式，根据应收账款资金池进行授信，一次授信，循环用款，定期监控发票金额，并监控共管账户回款情况（见图 5）。通过资金介入，帮助新希望食品供应商提高大型商超铺货量，进而扩张品牌知名度。

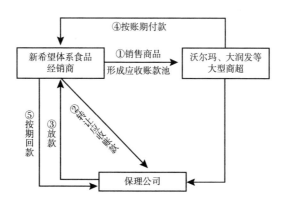

图 5　商超供应商资金池保理业务模式

与生猪养殖业类似，新希望乳业也通过构建与保理公司的全方位战略合作关系，为上游乳品供应商提供采购保理服务，为下游乳品经销商提供销售保理服务，通过快速高效的融资服务帮助乳业提升"新鲜"品牌战略。

（三）"希望金融"互联网金融实践

希望金融是新希望集团依托新希望产业集群 30 多年来在农牧业和金融业的深厚积淀和优质产业链资源打造的国内第一家专注于农牧供应链金融的互联网金融服务平台，2015 年 3 月正式上线。

希望金融依托新希望集团在全国的 500 多个公司，上万名业务人员，服务农村养殖户、种植户、产业上游供应商与下游经销商，以及产业相关的小微企业，提供贷款理财服务。对接城市与农村，为城市人群提供理财与投资服务，为农村人群解决融资需求。深耕互联网金融，做贷款信息的服务者，通过互联网的方式，提供点对点的个人对个人（企业）的借贷服务，撮合借贷业务。

随着互联网金融市场的成长与监管的收紧，网络借贷行业日趋规范化、透明化。相较于其他的互联网金融平台，产业风控模式是希望金融的特色之一，风控来源于信息，信息来源于数据，希望金融在新希望集团深厚的农村市场基础之上，拥有比较庞大的产业体系，能够比较清晰地掌控整个资产的状态，整个资产的风控水平也能得到严格、有效的把控，因此能在保持稳健增长的同时，保持成立至今零坏账的行业记录。

（四）新希望金服的"希望农场"计划（筹建）

新希望集团目前正计划推广环境友好、智能化、自动化的

"希望农场"。新的农场将采用自动化系统，环保设备匹配为室外发酵床方式，达到零排放，在解决养殖环保问题的同时把控食品安全，打造出具有特色的新希望六和商品猪产业模式。一个希望农场的固定资产投资大约需要 350 万元，加上代养猪的押金 60 万元，共需 410 万元的投资。养殖户自有资金投入约 100 万元，单场资金缺口约 300 万元，需要进行融资。同时，由于农场建设资金融资期限长（4~5 年），单笔融资金额大，目前新希望体系内的保理公司、希望金融都暂时没有办法覆盖农户的融资需求。

为此，集团拟设立新希望金服，为"希望农场"计划提供成套金融解决方案：还款来源方面，新希望集团支付农户的代养费，和农户签订与还款期限匹配的代养合同；投后管理方面，放养员持续服务农户，帮助其科学养殖，放养数据管理系统可动态反映农户养殖情况（还款能力）；违约处置方面，贷款农户将农场和土地抵押给新希望集团，一旦发生违约，标准化、自动化的"希望农场"可由新希望集团回购运营。

金融方案的配套可以解决农户贷款难、贷款成本高的难题，快速帮助集团推广"希望农场"模式。在有效解决养殖行业污染问题的同时可以帮助农户提高产能增加收入。根据新希望集团养猪事业部的规划，到 2019 年，"希望农场"项目将累计投入 35 亿元，新建 1100 个现代化养殖场，培养 3000~5000 名新型养殖人才，每年可为农场养殖户创造 10 亿元财富。新希望金服为"希望农场"设计的金融方案，根据不同行业的现金流测算后可以推广到集团其他养殖板块中，帮助集团快速发展养殖产业。亦可推广到社会中帮助模式落后的家庭养殖农户改造升级规模化、现代化养殖场，推动养殖产业的改造升级。

三 新希望集团产融结合实践的特点及效果

新希望集团在实践中逐渐摸索出一套独特的农业供应链金融模式，一方面创造需求，增加了产品销售，另一方面也增加了客户黏性，抓住了优质客户。产融结合为新希望集团打通农业全产业链、深耕农业价值链、快速发展成中国农业产业龙头企业提供了重要保障。

（一）发展农业供应链金融，扶持和帮助解决"三农"问题

"三农"金融优惠政策的落地一直都是党和政府密切关注的工作要点，以前政府出台的一系列惠农政策，往往会在实践中出现诸多问题：农户太过分散、每户生产单位太小、农户缺少抵押物等。金融业务成本太高，风险不可控，绝大部分金融机构都无法直接面向农户开展业务，使"优惠政策到农村、服务不到农民"。政府制定的优惠政策不能真正落到实处、服务不到最基层的农民，反而会产生负面效果。优惠政策如果仅仅停留在销售商一层，销售商通常会趁机囤积居奇、抬高价格，极易导致农产品价格的大幅波动，价格的信号作用失灵，扰乱正常市场经营秩序，这是近年来大蒜、生猪等农副产品价格异常波动的重要原因之一。

新希望农业供应链金融模式就很好地解决了这个问题，对真正引导金融资源投放到农村发挥了非常重要的作用。新希望商业保理作为银行和农户的中间商，相当于为银行做批发业务，有效降低了银行的成本和风险。同时，还解决了农户的金融需求，打破了农民融资难、融资成本高的坚冰。对新希望集团自身而言，除了可以通过资金闭环设计防范风险，还可以通过深入走访和了解农户，灵活

转移、处理金融风险，如张三欠债未还，就将其猪圈交付给李四代养以收回成本，风险控制手段较银行等金融机构更加灵活。

（二）发挥核心企业带头作用，加速产业转型升级

畜禽业的标准化规模养殖，是现代畜牧业发展的必由之路，对于规范畜牧业生产、保障农产品的有效供给、提升农产品质量安全水平都有着重要的意义。然而规模养殖的固定资产改造成本是普通农户无法承受的，如一个 10000～15000 只鸡的大中型鸡舍，需要 50 万元的固定资产投资，只有利用金融工具，才能有效缓解农户的资金压力。

新希望集团 2005 年就开始尝试引导农户进行基础设施的提升和改造，发展标准化规模养殖。截至 2017 年上半年，新希望普惠农牧担保为 3237 座新建标准化肉鸡养殖场提供了融资担保服务，存栏规模达 2 亿只；带动新建标准化肉鸭养殖场 1112 座，存栏规模 8516 万只；带动新建标准化猪场 1893 座，存栏规模 164.76 万头。通过发展农业供应链金融，新希望集团加快了产业结构调整和转型升级，促进城市反哺农村，助力农村经济释放活力，同时还促进了优质客户的成长，增加了客户黏性，真正实现了商业价值与社会价值的统一。

（三）严格依法合规，注重企业品牌和信用建设

新希望集团 1995 年便开始涉足金融领域，二十多年的金融发展实践让新希望充分认识到，要成为一个真正健康的产融结合发起者，信用评级至关重要，信用评级越高、融资成本越低、产融结合的操作空间越大。为了获得良好的企业信用评级，新希望集团严守依法合规的底线，坚持信规范才能带来信任。此外，对于金融市场上出现的各种金融手段、金融工具，无论是否需要，新希望都会积

极申请，进行小额实践，主动积累企业信用记录。

作为多个资金市场的参与者，新希望集团的主体信用等级由中诚信国际信用评级有限公司（"中诚信"）评定为AAA信用等级，同时在政府部门也积累了良好的信誉，因此企业才能够在财务公司、金融牌照等的审批过程中享受到良好信誉带来的便利。

（四）通过相对闭环的供应链金融模式，严控金融风险

作为一个实体企业，新希望集团在适度运用金融杠杆的同时，严控资产负债率指标，集团资产负债率常年控制在50%以内，并且建立了一套完善的风控体系，防控可能的金融风险。

在产融结合实践中，新希望集团根据农户的生活生产融资需求，逐步探索出闭环可控的农业供应链金融模式，充分利用集团完整的农业产业链，为农户提供种苗、饲料、回收、肉食品加工等全产业链服务，定向支付、统一结算盈利，有效解决了农户有钱不还、资金挪用的信用风险，上下游价格波动的市场风险，以及农户饲养技术欠佳的养殖风险。目前相对闭环的金融服务占集团全部金融服务的30%～50%。

这种产融深入结合的模式，能够在加速产业发展的同时，利用产业核心企业的经验优势，通过控制实体产业的行业风险，降低相应的金融风险，这是传统金融机构无法进行的风控操作。

四 未来产融结合方面的战略规划

新希望集团对下一步推进产融结合工作的考虑和规划主要有以下几个方面。

一是围绕新希望集团实体产业，大力发展供应链金融，深入挖掘农牧板块、乳业板块、地产板块、化工板块供应链上下游金融需求，丰富完善各类金融产品，为各板块上游供应商和下游经销商提供优质的金融服务，稳定战略级供应商，积极拓展核心下游客户，助力实体产业蓬勃发展。

二是在农业方面，重点服务高科技、高附加值农业企业，如农业科技服务企业、饲料添加剂企业、动物疫苗企业、农业物联网企业、农业机械化和农业机器人生产企业等。结合国家农业 PPP 实施意见重点参与农业绿色发展、高标准农田建设、现代农业产业园、田园综合体、农产品物流与交易平台、"互联网 + 现代农业"等六个重点领域开展金融服务。

三是在金融科技方面，通过对接第三方征信系统，探索建立大数据风控模型，积极布局科技风控。集团内逐步实现各事业板块系统直连，实现客户交易数据实时共享，各事业板块上下游客户实现系统自动申请授信和放款、系统自动评估和跟踪贸易数据。通过综合运用科技手段，为产业链上下游客户提供更人性化的用户体验，不断深化产融结合。

（本案例由大成企业研究院王哲根据课题组赴新希望集团调研材料整理撰写）

天士力集团：金融为器，
打造生物医药航母

天士力 1994 年创业于解放军 254 医院，1998 年根据国务院和中央军委"军队与军队企业脱钩"的决定，移交天津市。1999 年完成股份制转型，2002 年天士力控股集团核心企业——天士力制药集团股份有限公司在上海证券交易所挂牌上市。经过 20 多年的高速发展，天士力控股集团已逐步成长为拥有 2 万名员工、近 500 亿元资产的高科技国际化企业集团。

一　天士力集团产融结合的具体实践

天士力控股集团（简称"天士力"或"天士力集团"）的产业布局，以大健康产业为主线，以生物医药产业为核心，以健康保健和健康服务业为两翼。在进行产融结合实践时，天士力确立了"产业为本、金融为器、产融互动"的原则，坚持大健康产业是天士力发展的原点和基础，金融是产业发展的资本引擎，意在加强产业整合、提升资本使用效率。

（一）公开市场上市

天士力控股集团旗下有两家上市控股子公司——天士力医

药集团股份有限公司（简称"天士力医药股份"）和天津天士力医药营销集团股份有限公司（简称"天士营销"），分别于 2002 年 8 月、2017 年 8 月成功登陆 A 股市场和新三板市场。

核心企业的上市和新三板挂牌对集团的大健康产业布局与升级，发挥着重要的产业与金融资源配置作用。经过多年发展，天士力医药集团股份有限公司经营规模与盈利能力均实现了跨越式增长。营业收入从上市当年的 9.30 亿元增长至 2016 年的 139.45 亿元，净利润从上市当年的 1.17 亿元增长至 2016 年的 12.19 亿元，2016 年末市值 440 亿元，医药行业排名第六，中药行业排名第四。连续九年入选"最具竞争力医药上市公司 20 强"，荣获"最具投资价值医药上市公司 10 强"，已被纳入"全球 MCSI 指数成分股"。公司每年坚持稳定的现金分红回报投资者，截至 2017 年已累计分红 34.39 亿元。

（二）债券和票据工具运用

天士力控股集团、天士力医药股份和天士营销在发展过程中积极探索和应用各类金融工具，引领尝试金融创新，并利用金融工具反哺产业，以此实现产业与金融的有机结合与协调发展。2007 年初至今，除传统信贷融资之外，天士力控股集团、天士力医药股份和天士营销已成功运用的金融工具包括：3 次非公开发行股份、8 次短期融资券、10 次超短期融资券、2 次公司债、2 次非公开定向债务融资工具、1 次中期票据、1 次可交换债券等，共融资约 190 亿元。

目前天士力控股集团已在金融工具的运用中实现了多个"首家"或"首例"。

天士力医药股份于 2012 年 4 月发行的公司债券是《公司债券发行试点办法》实施后，首批由证监会和交易所审核通过并成功发行的公司债产品，奠定了 A 股上市公司通过资本市场实现直接债务融资的发展基础。此次公司债券发行优化了天士力医药股份的资产负债结构、拓宽了融资渠道、降低了久期错配风险，为天士力实现产业升级提供了长期资金支持。

天士力控股集团于 2015 年 6 月公开发行的可交换公司债券，是中国资本市场历史上首单民营企业发行的可交换公司债券，开创了上市公司股东创新融资、低成本融资（票面利率仅为 1%）、高效盘活存量股权融资的先河，并自此开启了我国资本市场千亿级的可交换公司债市场。此次可交换债券发行，不仅使天士力控股集团首次在资本市场实现融资，而且通过盘活天士力控股集团持有的存量上市公司股权，进一步实现了在大健康产业的战略投资布局，为打造大健康产业集群提供了资金支持。

天士营销 2017 年 8 月成功登陆新三板后，积极筹备发行应收账款资产支持票据（ABN）以进一步盘活存量资产、丰富融资手段、提高资产证券化水平。2018 年 1 月 18 日，天士营销成功发行 10 亿元资产支持票据，成为新三板市场首家通过发行"资产支持票据"实现创新融资的挂牌公司。

（三）产业基金运作

目前，天士力控股集团旗下基金管理规模超过 120 亿元，资金六成来自社会募集，四成为集团注资。金融板块业务占集团的资产比重为 17%，利润比重为 30%。

天士力的资本运作，均围绕企业产业布局、产品线布局展开，集团实体产业的战略协同效应明显。相较于普通金融投资资本，产业资本有其优势和特点，为被投资的企业提供"孵化服务"：对于每个投资标的，都会充分利用天士力集团的各种资源优势，如产品研发、生产制造、市场营销、企业管理、质量监控等部门给予积极支持，确保投资项目的精准、投后增值服务的提升。待项目成熟后，视具体情况，大概有 1/3 的项目，符合集团产业布局的企业，会被纳入天士力控股集团；2/3 的项目，集团仅参股或控股持有，按照市场化投资模式进行 IPO，获取投资收益。

集团设立的市场化 VC、PE 基金，截至 2017 年，累计投出 40 多个项目，有 9 个项目成功 IPO，有项目在两年时间内以 2000 万元投资成本获得 1.8 亿元收益，还有项目以 7000 万元投资成本获得 215867 万元收益，投资回报倍数约为 30 倍。其中，PE 业务为股东、投资人创造的回报比较高，基金账面有 30% 的内部回报率，VC 则与集团的产业战略有更加深入的结合，基本上是围绕产业创新布局，包括分子诊断、基因筛查、靶向药物等。

表 1　天士力集团主要基金运作情况

发起时间	基金名称	合作方	基金规模
2008 年	崇石股权投资基金	—	2.2 亿元
2012 年	华金国际医药医疗基金	滨海引导基金	10 亿元
2014 年	康桥美元基金	兰亭基金	一期 2 亿美元 二期 4 亿美元
2014 年	华金天马医药医疗投资基金	—	6.26 亿元
2015 年	渤溢新天基金	重庆引导基金	10.9 亿元
2015 年	天士力大健康产业投资基金	泰康人寿	50 亿元
2015 年	健桥美元基金	—	6200 万美元
2017 年	华金锦天基金	国投创合等	2.76 亿元

2016 年，为更好地执行天士力控股集团"产业 + 资本"双本业发展战略，天士力资本控股有限公司（简称"天士力资本"）正式成立，管理天士力旗下各只基金，致力于成为大健康生态圈创新赋能、开放共享的产业资本平台。

目前天士力资本拥有一支由 80 多人组成的专业投资团队，并建立了针对投资行为的全过程管理，包括战略规划、行业研究、精准投资、项目立项、尽职调查、项目投资、投后管理等。所有投资项目都被纳入数据库管理，并进行相应的投后管理，每月、每季度都有一套完整的管理报表，标的公司的生产经营情况甚至社会信誉等都会被纳入监测系统，直至项目退出。

利用产权市场，天士力控股集团完成对仙鹤制药、陕西华氏医药、广东粤健医药、辽宁卫生服务等公司的并购，不断链接、拓展产业链优势，在实质上助推了产业发展。在少数股权投资方面，近 10 年来，天士力资本利用旗下多只基金，投资了 40 多个医疗健康领域项目。其中康立明、凯联、凯立特等项目，获得了产品的优先市场化权利，有效补充了天士力在相关治疗领域的产品布局；甘肃众友、山东立健等连锁药店项目，优化了天士力在药品零售领域的布局。天士力资本旗下基金充分发挥了产业资本为公司主体提供支持的战略性作用。

此外，天士力还充分运用关联基金开展新药投资，推动国际商务拓展（见表 2）。天士力于 2010 年成立国际投资部，全面开展国际项目的合作接洽，为引进国外优势品种以及拓展战略合作挖掘大量机会。天士力与法国梅里埃共同设立天士力创世杰（天津）生物制药有限公司，致力于生物医药研究开发；与 Pharnext 公司组建合资企业，引进了治疗腓骨肌萎缩的创新药 PXT3003 在中国的商业化权利，同时建立了基于基因网络药理学的创新型药物研发合资公司；投资苏州派格生物，引进了治疗糖尿病的长效 GLP - 1 产品，及治疗脂肪肝的创新药。

表 2　天士力集团主要产业投资情况

时间	投资企业	投资金额	投资股权	投资亮点
2008 年	中科曙光	7000 万元	—	大数据处理领军企业
2012 年	湖南湘雅博爱康复医院	—	100%	国内第一家三级康复专科医院
2013 年	江苏帝益药业	—	—	打造化学药生产基地
2013 年	天地药业	—	60%	补充心脑血管用药产品线
2014 年	澳洲康平医疗集团	385 万澳元	55%	进入澳洲市场
2015 年	天视珍生物技术	1500 万美元	—	丰富生物药产品线
2015 年	歌礼药业	1000 万美元	3%	国内首家自主研发丙肝药物
2017 年	上海赛远生物科技	3.1 亿元	60%	打造生物制剂平台
2017 年	健亚生物	5000 万美元	14.8%	胰岛素产品
2017 年	江苏派格	2000 万美元	4%	糖尿病 GLP - 1

（四）海外融资实践

国际化是天士力未来发展的战略重点之一，基于海外项目融资渠道或方式的考虑，主要是结合投资项目资金规模、投资期限、公司可承担的资金成本等多方面因素综合选择。

天士力目前已经使用过的海外融资方式包括：内保外贷业务和一年期以内境外私募债等。境外私募债的资金用于天士力大健康产业在澳大利亚及北美的医疗保健产业的布局。这是天津市民营企业在境外成功发行一年期以内境外私募债的首个案例，表明境外投资者对天士力大健康产业发展方向的高度认同。

天士力医药股份最早的一笔海外融资是 2011 年 11 月完成的 1000 万美元内保外贷产品。伴随天士力全面国际化发展的持续推进，医药股份涉及的海外投资项目也逐步增多。在国际化的起步阶段，天士力主要是通过参股形式与被投资方形成战略同盟，分享未来公司发展或产品销售的收益，此时涉及的基本是投资标的较小、资金需求量不大的项目。目前天士力选择的基本是国内融资与境外直接投资相结合的办法，一方面可以保证项目资金需求，另一方面也可以有效控制公司资金成本。如 2015 年投资歌礼药业，2017 年投资 CardioDx、Pharnext 项目，均是通过"国内融资＋ODI"方式完成海外项目资金筹集。

（五）搭建国际化资本平台，推进产业国际化速度

天士力正在积极布局和参与全球范围的多元化产业经营，这种外部资源的交换将使天士力的复杂程度越来越高，复杂程度过高造成资源之间无法协调的可能性也越来越高。只有运用资本手段，寻求资本的国际化，比如海外上市、海外并购等，才能有效参与全球产业链资源整合与共享，参与制定国际化准则和交易规则，实现全球化、行业化、平台化的集团管控。具体而言：

（1）通过国际投资部，在国内和国际两个市场，与国际战略合作方针对不同特色产品，采用联合市场推广、渠道合作、产品代理等方式，助推天士力产业国际化；

（2）收购海外优质资产，通过国内外资产和人员的良性互动，创造协同价值。比如，通过股权投资大洋洲康平国际医疗集团，天士力进入了澳大利亚医疗市场。

通过与国际众多制药企业、专业机构、投资团体等进行业务洽谈，天士力在国际主流业务圈子内逐步建立起自己的能见度和专业形象，进行天士力品牌全球化推广；建立天士力全球研发体系和全球研发优势，借力国际优势资源，实现天士力资源在全球范围内的最佳配置与效率最大化，一方面获得任何区域性企业无法企及的高效率，另一方面可以抵御单个地域或国家的宏观经济和政策波动带来的风险。

（六）融资租赁对产业的支持

天士力融资租赁公司 2014 年成立，目标是打造集团大健康产业链资源整合平台，融资租赁公司提供的是整体解决方案，包括技术、设备、资金、人才等，而不仅是单笔贷款。如为了落实国家"大病不出县"的基层医疗政策，融资租赁公司整合集团投资的医药企业提供的技术，协调医院提供的场地，再由集团配套部分资金，为县级医院新建一些科室。

融资租赁的具体操作模式分为三种：一是以租养投，借助集团布局的产业上下游渠道切入租赁业务，为未来投资积累资本；二是以投促租，择机布局医疗大健康产业上下游优质资产，以股权投资催生配套租赁业务，打造业务壁垒；三是投租结合，专注供应链金融模式的特色租赁业务，构建价值链闭环，从供应链金融角度出发，为集团产业链派生环节以及持股企业提供金融服务。

天士力控股集团非常重视融资租赁业务，认为融资租赁业务未来发展空间非常大。其优势有：一是可以利用天士力控股集团作为担保，增加融资租赁公司自身信用，更容易申请中长期银行贷款，服务产业链上下游中小企业；二是可以调整企业资产负债结构，将部分资产负债移至表外，推动集团轻资产化，优化财务报表，改善业绩，享受投资收益；三是投资为租赁业务构建壁垒，相互促进；四是可以增加风险控制能力，天士力基金投资大部分是财务投资，无法控制其生产经营情况，如果利用融资租赁深入嫁接到被投资企业中，天士力就变成了债权人，有权要求其提供实时生产经营数据，债权、股权投资相结合，可以有效提高集团投资风控能力。

此外，天士力还通过小额贷款、商业保理、参股村镇银行等方式积极探索创新金融工具对产业的支持作用。

（七）产融结合的风险防范机制

在运用金融工具助力产业发展的过程中，天士力探索出一套切实可行的风险防范与控制机制，该机制的核心要素体现在以下三个方面。

一是坚持"融服务产"的原则。天士力始终坚持"金融围绕产业、金融服务产业、金融升级产业"的核心逻辑，利用多渠道融资充分支持下属产业板块的快速发展，并拒绝一切脱离产业本身的投资或投机行为。

二是合理运用资金杠杆。天士力采用直接融资与间接融资相结合的方式，为产业发展提供资金支持。在此过程中，天士力综合考虑各类融资品种的资金成本、募集资金用途的合理性与必要性、对经营稳定性与公司治理的影响等，积极寻求产业发展速度与融资节奏的动态平衡，最终实现资金杠杆的合理、充分、高效运用。

三是防范投融资久期错配。天士力结合旗下各细分产业板块的发展阶段、业务模式、发展规划、投资回报周期等因素，制定符合各板块实际经营需要的融资计划，以实现融资还款周期与投资回报周期的精准匹配，积极防范因投融资久期错配可能导致的经营流动性风险。

二 天士力集团产融结合实践经验与感悟

（一）产融结合是现代医药企业快速发展、保持领先的现实
需求和重要保障

医药产业发展的基本属性和普遍规律是：发展速度快、产品
和技术创新多、产品研发周期长、研发投入规模大、产品复杂程
度高、产品生命周期长、产品刚性需求强，国际制药企业50%以
上的创新产品都来自企业外部或投资组合产品。因此，医药行业
同时具有资本密集型产业和人才密集型产业的特点，行业进入门
槛很高。

作为现代医药集团，为了紧跟世界医药产业的发展步伐，产融
结合是必由之路，必须利用金融工具、借助资本市场进行新技术、
新工艺、新产品的战略布局。同时，必须聚焦主业，拒绝脱离产业
发展逻辑的投资与投机，投资并购要有是否与主业战略协同的考
量，以为用户创造价值为根本。

因此，集团明确了以"产业为核心，金融为工具"的发展理
念，明确了产融结合发展的基本原则：坚持以实体经济和产业为核
心，坚持以现代中药为核心，加快发展生物药、化学药，积极探索
和实践各种创新金融工具，服务于核心产业的发展，为产业发展创
造条件。

（二）积极探索和实践创新金融工具

自2002年核心企业上市开始，天士力控股集团深入研究金融

市场的发展变化趋势，不断探索实践金融工具的创新，始终保持与时俱进的创新精神。天士力控股集团及其下属企业在产业升级、做大做强的过程中，充分实践了公开发行股票、二级市场定向增发、公司债、可交换债、非公开定向债务融资、中期票据、短期融资券、超短期融资券、私募股权投资基金、融资租赁等多种金融工具，取得了良好的效果，为天士力大健康产业的发展提供了充足的资本支持，提升了资金使用的高度，延长了资金使用的长度，扩充了资金使用的宽度。

（三）严格控制风险，坚持可持续发展

天士力在产融结合实践中，坚持扎实做好实体产业的运营和管理，不赶时髦、不追风头，坚持基于价值创造的市值管理，不搞投机、不赚快钱。在运用金融工具助力产业发展的过程中，天士力十分重视防范与控制产融结合过程中可能出现的风险，坚持"融服务产"的原则，坚守风险防控的底线，合理评估与运用资金杠杆，积极防范因投融资久期错配可能引发的经营流动性风险。

三 天士力集团产融结合的未来设想

（一）打造产融互动生态圈

天士力控股集团计划通过天士力资本，对集团各产业板块的跨市场融资进行统一调配与部署，对集团控制或参与的产业基金的已投或拟投项目进行统一跟踪与管理，对境内外优质产业标的资源的获取与配置进行统一协调与策划，对天士力控股集团国际化产融平

台的搭建实行统一部署与筹划，并最终打造富有活力的产融互动生态圈（见图1）。

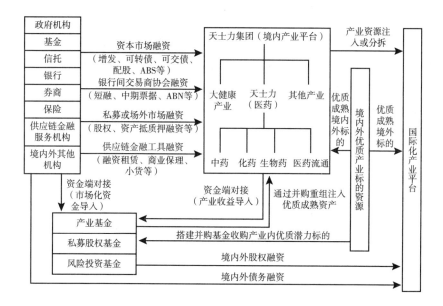

图1 天士力控股集团产融互动生态圈示意

（二）未来产融结合战略发展方向

通过支持天士力产业发展的总体战略及业务战略，根据产业发展战略合理配置资本，通过募集大健康产业基金打造服务于产业链的高效资本经营平台，为各个子产业发展提供充足的资本来源，助推战略资本化。要实现从"以股权投资构建资产组合，丰富产业元素"到"依靠以患者为中心的4D（Diagnosis、Drug、Device、Digital）大健康生态圈进行产业运营"的转变。

通过整合与匹配资源，有效运用资本构建资产组合，构建高效产业经营模式，运用多样化的资本市场工具，比如股票增发、并购重组等，以资本为引擎反向巩固产业链资源整合能力，以支持产业发展，打造核心产业竞争能力，快速推进资本资产化，加速参与国际竞争。

通过产业金融服务平台盘活能够产生现金流的资产，形成证券化产品，以达成资产证券化，使资产证券化市场与产业充分结合，降低融资成本，优化流动性配置，形成资本的可再生性。

把握资本市场脉搏，通过综合基金平台，推动股权性的资产以IPO、定向增发、并购退出的方式实现资本升值和证券现金化。

（三）完善集团金融投资组织架构

在上述资本战略的实施路径下，集团完善了天士力资本的组织功能和系统架构，形成控股集团的对外投资与大健康产业资产管理平台，形成大健康产业基金第一品牌，不断完善产业投资并购，创新产品和技术投资功能，推进国际投资和商务合作，加强产业金融服务平台建设，带动大健康产业裂变式发展。

（四）资本助力生物医药开放型创新

唯创新才能生存，采取何种创新方式尤为关键。面对技术的快速变化，除了自己主导完成的本地发明、本地商业化之外，更重要的是有效整合全球的技术创新资源，加速释放技术的市场价值。

对于医药行业来说，创新的核心是前沿产品和先进治疗技术，以满足在治疗领域未被满足的需求。为在创新方面进行快速的技术和产品点位布局，天士力首创"四位一体研发模式"，即自主研发、合作研发、外部引进和投资优先许可权，通过资本撬动全球医药研发资源，实现开放型创新。这让天士力将外部技术资源内部化，不必以企业内部资源为边界，可以让天士力在核心治疗领域的研发产品的速度提高 5~8 年。在开放式创新下，天士力创新的出口也是开放的。如天士力与 Pharnext 的合作，就是创新资源的互换与结合，双方共同构建基于中国人群的疾病大数据平台，也将实现全球范围内的开放共享。

天士力资本将围绕价值创造，以提升产业创新升级能力为目标，整合全球资源，建立价值共创、共享、共赢的合作机制，营造更好的创新生态环境，让创新如源头活水般在企业运营中持续流淌。

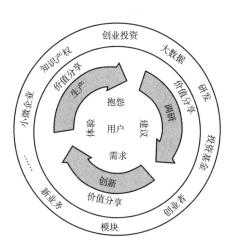

图 2　营造良好创新生态环境

（本案例由大成企业研究院王哲根据课题组赴天士力集团调研材料整理撰写）

复星国际：融资全球化、多元化，整合资源助力产业升级

复星于 1992 年在上海创立，2007 年复星国际有限公司（简称"复星""复星国际"）在香港联交所上市。复星从一个只有 3.8 万元注册资金的大学生创业公司成长为总资产超过 5300 亿元的大型民营企业集团。复星以"让全球每个家庭生活更幸福"为使命，通过产业深耕、全球整合和科技创新，智造植根中国、聚焦家庭"健康、快乐、富足"需求的全球幸福生态系统。2017 年，复星总收入达到 880.3 亿元，同比增长 19%；归属母公司股东的利润突破 130 亿元，近五年复合增长率达到 29%；净负债率逐年降低，2017 年末已低至 49.7%；在 2018 福布斯全球 500 强排名中列第 416 位，较上年上升 32 位。目前，复星业务已覆盖全球超过 50 个国家和地区。

一 复星产业发展的基本路径

复星产业发展的路径基本可以概括为了解、尝试、积累、加大布局、全面发力几个阶段。

　　具体来说，复星每进入一个新的产业，都不是盲目或跟风式的大笔投入。在不具备产业深厚积累的时候，复星首先会通过各种方式和途径了解产业、了解需求，寻找到未来具备发展潜力而又与复星文化价值观相契合的方向。然后在这个基础上，复星会进行尝试性的投资布局，先选择某个细分的领域作为切入点，在实际的产业运营中不断积累，包括专业知识、人才、产业模式等。经过一段时间的积累，当具备一定的产业深度后，复星会加大布局，以内生性的增长和外延式的发展两条腿走路，最终全面发力，成为行业内的领先企业。

　　比如，1994 年复星医药成立之初，只有一个产品，在这个产品获得成功后，通过人才的引入和产品研发投入，很快在医药方面形成了多个产品系列，并且成功打开了资本市场，1998 年在 A 股上市。借助资本的力量，复星在药品制造与研发、医疗服务、医疗器械与医学诊断、医药分销与零售等多个相关产业内拓展布局，在每个领域内加大研发投入并寻找全球领先技术，通过全球化的产业整合加深复星在大健康领域的产业积累。2017 年，复星医药研发投入达到 15. 29 亿元，同比增长 38. 26%；复星医药目前已基本形成中国、美国、印度等国家互动一体化的研发体系，并于近些年逐步开花结果。

　　复星 2010 年自主设立的单克隆抗体研发平台复宏汉霖，作为国内领先的单克隆抗体药物先行者，在中国独角兽企业排行榜上位列第 30 位；2017 年，复星与美国领先细胞免疫疗法企业 Kite Pharma 在上海张江合资建厂，引入其全球领先的 CAR－T 免疫细胞治愈癌症的疗法，并推动在中国的产业化应用；同在 2017 年，复星与"达芬奇手术机器人"技术与产品拥有者 Intuitive Surgical

也在张江合资建厂，提速高端医疗技术在中国的发展和普及。复星还自主孵化了专业从事医疗影像 AI 产品研发的"杏脉科技"团队，其已经先后两次刷新全球权威人工智能医疗影像肺结节筛查大赛"LUNA16"的比赛成绩，荣获双榜全球第一。

二　产融协同，助力中国动力嫁接全球资源

当前，中国经济正迈入一个新的发展阶段，产业结构由以低附加值的劳动密集型产业为主上升到以高附加值的技术密集型产业为主；消费结构由以单纯解决吃、穿、用为主上升到以提高生活品质为主。要实现以上转型，中国企业除了要拥有更强的科技创新和产业运营能力外，还需要具备过硬的投融资能力，善于运用各种金融工具，助力资源整合，加速产业进化升级、做大做强企业。

作为一家具有投资基因的产业运营集团，复星通过自身在融资端、投资端及投后整合端的能力，以中国动力嫁接全球资源为核心战略，助力旗下产业迅速转型和升级。

在融资端，复星拥有多元化的融资渠道，包括银团、银行贷款、公开市场发债、分项目的私募股权融资，同时还有第三方募集的基金等。多年来，复星一直在强化境内境外的融资能力和打通海外融资渠道，通过多区域的融资渠道，实现本地融资本地使用；同时基于每个项目的情况及公司的资金安排，综合考量融资方式，在保证资金安全、透明、规范的前提下适度通过多元化的手段合理控制资金成本。在投资端，在保证了充足且相对低成本的融资后，复星通过其在全球控股或参股的金融机构，搜寻价值投资的机会，投资海外优秀产业，将对方先进的技术和商业模式引入国内，与旗下

的相关企业进行整合，实现产业发展上的"弯道超车"。

在投后整合端，复星通过对被投企业在资金、人才、管理、运营等方面的赋能，帮助企业提升业绩、创造价值。由复星构建的 One Fosun 平台，深度优化管理构建，全方位提升赋能增值能力，打造一个符合移动互联、新技术背景下的组织体系。被投企业在融入 ONE Fosun 平台后，将与其他复星成员企业进行深度协同，进一步通过投资并购做大、做强企业，形成规模化的竞争优势。

通过其在全球的金融布局，复星既能助力实体产业"走出去"，又能凭借深厚的产业积累来赋能和支持被投产业在中国落地，将它们"引回来"，并进一步通过协同运营来创造新的价值。南京南钢就是一个典型的成功范例。

复星自入股南京南钢之后，不断支持南京南钢向多品种、高品质、高科技转型，与南京南钢一同每年投入超过 20 亿元对产业进行升级。在过去的十五年，南京南钢的钢产量从 2002 年的 200 多万吨提升到了现在的 1000 万吨，年利润也从 1999 年的 1 亿元增长到 2017 年的 44 亿元。同时，复星运用其全球投融资的能力帮助南京南钢借力海外并购加速产业的升级。2017 年，复星利用旗下在德国的金融机构 H&A 的客户资源优势，帮助南京南钢收购德国汽车行业轻量化专家 Koller，实现南京南钢首次海外收购。H&A 是德国少数独立私人银行之一，拥有超过 220 年历史，客户包括很多德国"隐形冠军"企业，Koller 就是其中一家，H&A 银行非常了解 Koller 的运营情况，也为南京南钢并购提供了重要的支持。Koller 的轻量化材料和技术将为南钢的技术升级带来帮助和借鉴，Koller 南京工厂的建立也将有助于南京南钢在新材料领域的业务转型。未来，复星还将在全球搜索最好的智能制造企业，不断拓展南京南钢的产业宽度和产业深度，实现南京南钢大工业生态的繁荣。

三　复星产融系统发展的主要特点

复星产融协同的特点是以产业整合为目标，以金融为手段，以科技为引领，逐步形成一个"产业＋资本"的产融大平台，运用价值投资理念，整合符合复星战略发展的全球资源，实现其价值增长。

复星的成功取决于良好的投资理念、国际化的投融资布局以及紧密的产融协同发展。复星的投资理念符合市场需求趋势，聚焦中国中产阶层在快乐时尚、健康、医疗养老产业中的消费升级机遇，通过把国际上知名品牌、技术及优质的服务与中国中产阶层的需求变化相结合，进行全球产业整合。复星选择在香港上市，已经开启了复星国际化投融资的布局，利用上市公司的股权及债券等融资渠道，并购海外金融机构及成立海外产业基金，为今后复星全球化产业发展提供充足的金融血液。强大的金融融资能力和产业整合能力紧密协同发展，推动了复星不断前进。

（本案例由复星集团提供）

红豆集团：产融结合助推
企业转型升级

红豆集团从 1957 年初创的手工作坊已发展到涉及纺织服装、橡胶轮胎、大健康、商业地产四大领域的多元化产业集团，旗下拥有 12 家子公司，其中包括两家主板上市公司和一家新三板企业，并在柬埔寨建立了 11.13 平方公里的西哈努克港经济特区，拥有在美国纽约、洛杉矶、新加坡等地的数家境外分公司。目前红豆集团已逐渐成为集科研开发、生产制造、全球贸易于一体的大型民营企业集团。

目前，红豆集团正在向打造"产融集团"的方向转型升级。红豆集团认为，在经济新常态下，产业是根本、是身躯，融资是手段、是翅膀，产融互促，才能实现腾飞。"产"就是要加快生产经营型向创造运营型转变，加快劳动密集型向高新技术型转变，加快传统制造型向绿色生态型转变，加快传统企业向互联网企业转变；"融"就是要加快资产经营型向资本运营型转变，加速资产证券化。红豆集团致力于从"三自六化"中寻找发展新动力，加快产业转型升级。"三自"就是自主创新、自主品牌、自主资本，"六化"是指智能化、绿色化、服务化、高端化、国际化、证券化。

多年来，红豆集团以旗下财务公司、上市公司股权融资、债务融资等金融渠道助力集团从资产经营型向产融结合型转变，在做强实体经济的同时大力发展金融产业，以融促产，实现集团健康持续发展。

一 红豆财务公司服务集团转型升级

红豆集团财务公司（简称"财务公司"）成立于 2008 年，作为红豆集团的资金管理平台，始终坚持资金集中管理、提高资金使用效率这一基本功能定位，根据"依法经营、合规经营、稳健经营"经营方针和"审慎性、安全性、流动性、盈利性"经营管理原则，致力于为集团的各项产业提供优质的金融服务。

财务公司主要任务是满足成员单位的资金需求，并通过展开贷前、贷中和贷后调查为其提供财务建议。目前公司已涉及贷款、贴现、承兑、担保四大业务，2017 年上半年公司人民币贷款（含贴现）余额为 18.87 亿元，外币贷款 500 万美元，保函 2 亿元，承兑余额 4.59 亿元。其中电票作为降本节支的重要工具，也得到了长足发展，财务公司一是通过走访成员单位鼓励其对外付款使用电票，并在供应商相关会议上推广宣传；二是通过加强与银行合作，争取同业票据专项授信，打通了电票的流通渠道，提高了电票流动性；三是结合国家相关政策，积极申请加入票交所，实现线上电票清算。截至 2017 年上半年，财务公司累计开具电子银行承兑汇票 4.33 亿元，较上年增加 3.24 亿元，并实现了电票的转贴现，进一步提高了公司电票的市场认知度和流通性。目前公司贷款业务已涵盖流动资金贷款、项目贷款、银团贷款、买方信贷和融资租赁五大类，币种从人民币拓展到美元，全方面地提供适合成员单位的融资模式。

财务公司对于国家政策支持的项目及符合集团战略要求的重点产业、重点企业，定制信贷综合服务方案，提供针对性强、附加值高的金融服务，如对"一带一路"项目和红豆杉涉农项目的支持。到目前为止共对 28 家成员企业授信，总额达到 34.39 亿元，实际使用项目贷款、流动资金贷款、融资租赁、担保、电票等表内外授信 23.2 亿元。具体案例如下。

首先是对"一带一路"项目中西哈努克港经济特区的支持。

西哈努克港经济特区是柬埔寨最大的经济特区，总体规划面积 11.13 平方公里，全部建成后，可形成 300 家企业或机构入驻，并配套功能齐全、可容纳 8 万~10 万名产业工人居住的生态化新城。目前区内已引入来自中国、欧美、日韩等国家及地区的企业 109 家，92 家已生产经营，区内从业人员达 1.6 万人。红豆集团作为西哈努克港经济特区的主导者和开发建设者，一直多措并举支持西哈努克港经济特区的建设发展，一是提供资金支持；二是积极发挥自身融资运营平台的作用，提供融资渠道，使西哈努克港经济特区获得中国进出口银行江苏省分行 5000 万美元贷款，同时通过与境外银行合作，协助西哈努克港经济特区获得境外融资 1000 万美元，多渠道满足西哈努克港经济特区的资金需求；三是针对西哈努克港经济特区的外汇资金运营管理需求，积极向外管部门申报跨境外汇资金集中运营业务，为西哈努克港经济特区提供外汇资金集中管理服务，帮助其有效降低结售汇成本，控制外汇交易风险，2016 年财务公司通过跨国公司外汇资金集中运营管理业务"经通道对外放款"937万美元。

其次是对红豆杉涉农项目的支持。

近年来，由于生态环保、大健康产业发展机遇，集团充分利用红豆杉资源优势，积极推进新生态、新医药两大健康产业的发展。财务公司为了更好地服务集团战略需求，从2010年开始，一直为相关涉农企业提供融资需求。截至目前，已累计对红豆杉公司发放贷款1.3亿元，其存量借款均享受基准利率水平，其中2000万元的借款享受基准利率下浮10%的优惠。

财务公司另一个重要任务是实现了对集团融资的统一管理，优化集团融资结构，有利于统一协调和资源整合，更有利于资金统筹安排。自2010年9月集团第一笔短融落地，到目前已发行超短融、短融、中票、永续债、公司债等各类直接融资品种，在2016年财务年度，发行三期超短期融资券，票面总额累计18亿元，票面利率分别为3.9%、3.6%和3.48%，债券期限分别为270天、180天和270天，另发行一期短期融资券，额度3.5亿元，票面利率6%，期限一年；2016年4月及11月发行两期为期三年的中期票据，票面总额累计11亿元，2016年3月及8月发行两期永续中期票据，票面总额累计10亿元。红豆财务公司的稳健发展和诚信经营在债券市场上建立了良好口碑，特别是近年来发行的永续债，对集团优化资产负债表、夯实资本实力和扩大市场影响力，具有较为重要的意义，2017年集团主体评级已从AA提升至AA＋。

二　上市公司助力做强实体经济

红豆集团在加速资产证券化方面取得了不错的成绩，集团目前拥有三家上市挂牌公司，其中有两家在国内主板上市的企业，分别是红豆股份和通用股份，另有新三板挂牌企业红豆杉，三家企业都是做实体经济，通过资本市场拥有了自己的融资平台。

红豆股份2016年成功募资18.1亿元用于"智慧红豆"建设项目。该项目将有助于红豆股份打造自主品牌，实现智能化、服务化，有助于红豆股份在新经济条件下实现优势重构，实现在全球价值链中的更优定位。通用股份于2016年9月19日在上海证券交易所正式挂牌上市。通用股份充分利用资本市场平台，投资12亿元人民币建设年产120万条全钢子午胎项目，打造智能化、自动化的生产线，全面提升生产效率和产品品质，不断增强市场综合竞争力。红豆杉生物科技股份有限公司于2014年在新三板挂牌成功，经过两年发展，已逐步发展成红豆杉综合开发利用全球领跑者，并于2016年荣获"2015中国新三板最具发展潜力公司"称号，进入新三板创新层，未来将成为红豆集团利润新增长点。

三 红豆集团产业链金融实践

红豆集团下属的阿福农贷公司定位为打造综合性小微金融服务平台，大力发展供应链金融业务，即借助集团产业链，将客户与市场进行聚焦，瞄准供应链企业，在2016年底推出了货品抵押贷款业务及应收款质押贷款业务。

红豆集团供应链企业达几千家，每年都会召开各板块供应商大会，对供应链进行星级评定，优质供应商达300多家。阿福农贷公司对优质供应商进行提前授信，当供应商有资金需求时，就可以拿应收款做质押贷款或申请货品抵押贷款。这些供应商基本都是小微企业，主要服务于红豆集团，其资质到银行贷款存在一定难度，资金需求有时仅仅是短期周转，阿福农贷公司推出的供应链贷款业务灵活、快捷，三天授信、五天放款，还可以提前还款，无任何附加费用，受到了供应商的极大欢迎。

风险控制方面，阿福农贷公司派遣信贷员到实地考察走访，对意向企业进行资质考核，供应商可以依据其星级、货品规模、动销率等指标申请货品抵押贷款；若供应商与红豆集团下属企业存在往来账款，则可以办理应收款质押贷款业务。在供应链金融业务推出后，经过公司的大力推广，切实帮助供应商解决了融资难的问题，达成了多方共赢的局面。公司还依托集团"智慧红豆"项目，接入企业 ERP 系统，借助后台第一手大数据进行分析，并结合现有的传统尽调手段，严控供应链金融风险，截至目前，所有已发生业务风险可控，没有产生坏账，不良率为零。

总体来说，红豆集团产融结合协同发展主要目的是实现集团转型升级，从资产经营型向资本运营型转变，从劳动密集型向高新技术型转变，打造一个实体和金融并重的"产融集团"。而财务公司对集团转型升级起到了关键作用，红豆集团不仅充分利用了财务公司的结算、资金管理、筹融资等功能，加强集团资金集中管理，提高集团资金使用效率，降低筹融资成本，防范金融风险，为集团及旗下成员企业发展提供金融综合服务与支持，而且充分发挥平台作用，践行"立足集团、依托集团、服务集团、壮大集团"的服务宗旨，为集团重大战略布局和新兴产业发展提供了金融保障。另外，三家上市公司利用自身的融资平台，通过股权、债券、公开定增和非公开定增等方式为企业获得源源不断的金融血液，推动企业不断创新和发展，增强红豆品牌竞争力，也充分践行了集团的

"三自六化"理念；而阿福农贷公司为服务红豆集团的上下游小微企业提供金融服务，一定程度上保障了红豆集团产业链持续健康稳定发展。

（本案例由大成企业研究院胡冰川根据课题组赴红豆集团调研材料整理撰写）

新奥集团：财务公司为
集团战略保驾护航

新奥集团成立于 1989 年，从城市燃气业务起步，逐步发展形成完整的天然气产业链，创新开发"智能互联网"，并依托多年行业经验打造"泛能服务生态圈"和"家庭服务生态圈"，为客户提供清洁能源与环保、文化旅游与健康置业及互联网等领域的行业解决方案和平台服务。截至 2016 年底，集团年度营收和企业总资产均超千亿元，员工近 5 万人，在中国 20 余个省、自治区、直辖市 160 多座城市及东南亚、欧洲、北美洲、大洋洲均有分支机构及经营业务。

一 新奥财务公司基本情况介绍

新奥财务有限责任公司成立于 2011 年 4 月，注册资金 20 亿元人民币，是经银监会批准、经国家工商总局核准注册成立的中外合资企业。目前资产规模达 100 亿元，拥有员工 52 人。公司连续两年获得行业评级 A 级，为"创新型"财务公司。

表1 2013~2017年新奥财务公司整体经营完成情况

项目	2013 年	2014 年	2015 年	2016 年	2017 年8 月	2017 年预计	备注
资本充足率(%)	44.81	29.99	20.81	18.41	33.21	32.00	监管不低于 10.5%
流动性比例(%)	43	43.37	57.43	39.02	36.55	40.00	监管不低于 25%
资金集中度(%)	27.33	46.23	74.74	69.22	53.01	65.00	行业评级60% 满分
资产(亿元)	36.11	72.36	100.5	103.04	84.19	100	
负债(亿元)	25.03	60.33	87.41	90	59.91	75	
资金结算笔数(万笔)	65272	85354	114430	167489	—	175000	
资金结算金额(亿元)	795	1316	1921	2167	—	2250	

近五年来，财务公司整体经营情况良好。2013~2015年处于基础业务（存款、贷款）快速发展阶段，资产规模增长了178%，收入、利润三年复合增长率分别达到49%、47%。2016~2017年资产趋于平稳，2016年收入、利润较2015年分别增长7%、25%；2017年初完成10亿元增资，增资后在满足成员企业资金需求下投资业务规模进一步扩大。

二 新奥财务公司的产融结合实践及作用

新奥财务公司为集团近500家法人单位提供专业的金融服务，充分发挥结算平台、资金管理平台、筹融资平台功能，加强资金集中管理，提高资金使用效率，降低筹融资成本，防范金融风险，为集团及成员企业的发展提供综合金融服务与支持，相当于新奥集团内部的银行。

（一）为集团战略的顺利实施保驾护航

新奥财务公司坚持"依托集团，服务集团"的宗旨，为集团战略的顺利实施保驾护航。就好比军队打仗，集团决定攻下哪个阵地，实体业务部门是士兵，财务公司则负责为士兵提供弹药。银行是用"别人的钱"给"别人花"，财务公司是用集团自己的钱给自己的成员企业花，因此财务公司的风险评估不同于银行。集团的宏观总体战略、战略风险评估由集团总部决定，财务公司更重要的职责是坚决执行集团的战略。新奥集团作为一个大型集团型企业，成员企业数量多、分散广，财务公司作为集团的资金枢纽，为集团战略落实到各成员企业提供了坚实的资金支持。

（二）为成员企业提供资金管理、资金结算业务

得益于新奥集团对下属成员企业极强的控制力，新奥财务公司采用统收统付、收支两条线的资金管理模式，成员企业的资金收入每天通过银行系统自动归集到财务公司账户，资金支出也均从财务公司的账户拨付下去，由财务公司进行统一的资金管理。财务公司根据集团的投资计划和企业资金情况，统筹、平衡成员企业的资金使用情况。

财务公司还负责成员企业之间的支付结算、成员企业对外部供应商的支付结算等境内结算业务，以及境外公司账户之间资金调拨、汇款业务项下结售汇、货币兑换等国际结算业务。

风险控制方面，新奥集团设立了财务共享中心，主要进行资

金支出时的审核、记账工作，合同、发票等材料审核通过后，系统才将支出申请推送给财务公司，由财务公司复核后支付。同时还上线了资金安全系统，通过技术手段甄别异常交易数据，防范道德风险。

（三）提高资金使用效率，拓宽融资渠道，降低资金综合成本

新奥集团主体业务燃气板块的融资，除了公司上市等一级市场的直接融资由上市公司自行操作，其他的贷款、发债、贴现等融资均由财务公司统一操办运作；其他板块，如煤化工、房地产、大健康、旅游板块等，从社会间接融资的比例较高。

2016 年新奥财务公司总计完成集团总体授信 500 余亿元，实现了公司债券、银行贷款、融资租赁、产业基金等的多元化融资。将各成员企业的资金归拢起来，规模效应明显，财务公司大概能为集团降低 1 个百分点的资金成本，对于那些贷款困难的成员企业能降低 3~4 个百分点。

1. 统一对外，提高议价能力

新奥财务公司的融资业务主要集中在两个部门，公司金融部负责境内融资，国际业务部负责境外融资。公司金融部有一个团队专门负责与各金融机构对接，如工农中建等主要银行均由一个团队专门负责全程沟通协调。成员企业通过财务公司统一对外融资，一方面减轻了成员企业的融资压力，缩减了人力成本，不用单独向银行融资；另一方面提高了企业资金利用效率，如一个项目可同时向几家银行申请授信，几个银行的授信额度加总通常会大于实际融资需求。此时，财务公司可以对比各银行利率，进行最优化贷款配置，使集团资金成本最小化。财务公司为成员单位提供的内部贷款利

率，基本都在基准利率水平。

境外融资方面，财务公司会权衡境内、境外融资成本，选择最优融资方式。集团曾经多次从香港融资约十几亿美元，均为三年期、五年期企业债，成本为3%左右，比国内低2个百分点。前两年境外融资成本较高时，财务公司就转向境内融资，发行了50亿美元的企业债，成本为3.6%。

2. 为难以获得银行贷款的中小成员企业提供贷款

新奥财务公司最重要的作用，是支持不能从银行获得低成本贷款的成员企业。如偏远小城市的燃气公司，进行煤改气改造过程中需要1~2亿元的资金投入，但其资产规模小、现金流量少，申请银行贷款非常困难，财务公司就可以很好地为其提供贷款支持。财务公司给成员单位的贷款，90%是没有抵押担保的，相当于企业的信用贷款。而那些能够获得低成本银行贷款的优质成员企业，财务公司会建议其直接从社会贷款。

3. 为成员企业提供票据融资业务

新奥财务公司还积极开展票据贴现、再贴现、转贴现等票据融资业务。新奥财务公司建立了票据池，将成员企业闲置的承兑汇票吸收入池，由财务公司代保管，当成员企业需要使用汇票时，财务公司可从票据池中选择最为合适的票据供其使用。

（四）收拢分散资金，形成规模效应

新奥集团下属法人单位有近500家，若资金分散在各成员企业，每一家资金规模有限，无法发挥规模效应。集团将各成员企业的资金归集在一起，可以大大提高资金使用效率。一是扩大了资金腾挪空间，可以为成员企业提供贷款，帮助困难企业周转等。二是资金归拢之后，可以在风险偏好范围内进行投资，财务公司同中信证券、海通证券等大型证券公司合作，定制理财产品。2016 年公司理财收益率达到 5% 以上，高于 4.3% 的基准利率水平。

（五）支持成员企业为客户发放信贷

为集团外部客户发放的信贷主要有买方信贷和消费信贷。买方信贷主要针对集团外购买燃气的工商业客户，财务公司能够为其提供信贷服务，利率水平高于内部成员企业的贷款利率，低于社会上银行的贷款利率。具体操作流程是：财务公司给购气企业发放贷款，用于支付成员企业的应收账款，购气企业资产抵押或提供担保；同时，成员企业与财务公司签署回购协议，若购气企业到期不归还贷款，成员企业需从财务公司回购应收账款。

可见买方信贷是一种类保理业务，并具有独特的优点：一是增加了购气客户黏度；二是减轻成员企业的应收账款财务压力；三是收取贷款利息，利用闲置的应收账款获得了一定收益；四是通过提高购气企业的违约成本，增加了成员企业的应收账款回收率，因购气企业拖欠财务公司贷款，性质上等同于拖欠银行贷款，其违约记录将计入央行征信系统。2016 年财务公司买方信贷规模达到 4600 万元，2017 年预计达到 2 亿元。

消费信贷与买方信贷类似，主要针对购买新奥燃气的家庭用户、个人用户，消费信贷额度较小、周期较短，集团计划开发一套信息系统，利用大数据实现信贷审批的智能化，保证贷款的安全性。

（本案例由大成企业研究院王哲根据课题组赴新奥财务公司调研材料整理撰写）

中驰车福：汽车后市场
"供应链＋金融"云平台

一　公司背景

中驰车福成立于 2010 年，由原联想全球副总裁张后启博士创立，经过八年的持续探索努力，已成长为国内最领先的汽车产业链云平台。目前，中驰车福已在全国设立 20 多家分支机构，业务覆盖30 个省份，并沉淀形成三大核心基础设施：自主建立海量配件与车型数据库，实现精准匹配；强大供应链云平台大幅提高交易效率；创新领先的供应链金融为产业链上下游提供全面的金融解决方案。

2017 年中国汽车后市场规模超过 1.3 万亿元，同比增长超过30％，其中零配件市场规模超过 5000 亿元。然而，汽车后市场整体呈现小、散、乱的特点，行业集中度不高，整个配件供应链发展尚处于传统的批发—零售阶段，供应链体系极度复杂且信息化程度较低。与此同时，厂商、代理商、零售商、汽修厂之间因为需要库存备货，存在大量的交易资金需求，但目前汽车后市场尚无标准化、规模化、专业化的供应链金融方案满足。

中驰车福秉承开放、连接、赋能的发展理念，目标是连接上千

家知名品牌配件厂商、上万家优质配件代理商与零售商，共同赋能
20 万家优选的维修店。其旗下生态子公司量子金福通过设计开发
满足更多业务场景的在线供应链金融产品，为平台内更多的中小企
业提供金融服务，最终构建完善的汽车产业链协同新生态，实现汽
车产业的供给侧改革与产业优化升级。

二　业务模式

中驰车福基于丰富的供应链经验和强大的信息化能力，构建了业
内领先的供应链交易云平台及供应链金融云平台。围绕汽车产业链中
配件厂商、备货服务商、配件零售商、汽修厂、车主（车队）五大主
体提供精确高效的供应链服务，不断优化供应链结构，已形成产业链
条的良性循环，联合行业各主体共同打造高效协同的产业生态链。通
过 IT 技术实现了代采商城、直采商城、零售商城、企业 ERP、客户
CRM 系统的协同管理，大幅提高供应链整体效率。同时依托交易场景
创新供应链金融服务赋能产业链各主体，帮助银行建立可控的交易场
景，做好资产端的运营和风控。图 1 是中驰车福完整的业务模式。

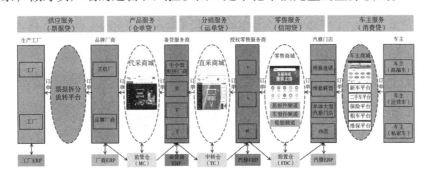

图 1　中驰车福完整的业务模式

中驰车福基于可控的供应链交易场景，逐步构建集产品服务、直采服务、零售服务和车主服务于一体的产业链云平台。

（1）产品服务平台：在大中型配件厂商与中小型配件厂商和备货服务商之间搭建代采商城，核心是为中小型配件厂商和备货服务商提供供应链金融，缓解采购资金压力，同时帮助大中型配件厂商加速回款。

（2）直采服务平台：在中小型配件厂商和备货服务商与配件零售商之间搭建直采商城，通过平台聚合下游配件零售商订单统一向上游配件厂商集采，获得极致性价比产品，并提供仓储物流和供应链金融等供应链服务。

（3）零售服务平台：在配件零售商与维修终端之间搭建本地化零售商城，中驰车福依托强大的配件供应链平台赋能本地化配件零售商，支持配件零售商实现自主产品上架和自主产品定价，实现本地化更加灵活经营。同时，为维修大客户提供大客户专属配件商城。通过交易数据积累，可以为优质的维修终端提供供应链金融服务。

（4）车主服务平台：在维修终端与车主之间搭建O2O车主服务平台，提供整车业务、二手车业务、租车业务、维修保养、保险业务等增值服务以及相关消费金融产品，实现车主线上预约线下服务，也为维修终端导流更多维修车辆。

三　金融产品

中驰车福基于不同的业务场景，打造行业领先的供应链金融云平台，通过大数据风控技术（DT）和互联网技术（IT）将电商平台/核心企业及其上下游企业的外部征信数据、内部业务数据转化为信用资产，基于真实的交易订单为产业链中小微企业沉淀信用数据，并逐步从基于核心企业授信过渡到基于各交易主体授信。围绕产业链各环节打造可控的供应链交易场景，服务产业链上下游的交易主体，并且不断迭代供应链金融产品（如信用贷、运单贷、仓单贷、票据贷等），以及面向 C 端车主开发整车金融和保险金融产品。随着交易量提升，中驰车福不断引进多资金方和非银机构，以及正在积极准备引入信托资金和 ABS，不断降低资金成本。同时，将基于大数据和区块链技术等进一步完善风控模型，打造"线上 + 线下"的风控联防体系。具体金融产品如下。

（1）金易采：基于中驰车福供应链业务场景提供仓单类金融产品——"金易采"。主要围绕世界五百强品牌的机油、电瓶、轮胎等标准化、高周转、硬通货的快消品提供仓单金融服务，缓解配件厂商及备货服务商资金压力。

（2）量子金贷：基于中驰车福零售业务和直采业务场景提供下游供应链金融产品——"量子金贷"。通过 Fintech 手段为授权零售服务商、汽修厂等提供创新、高效的金融服务，一站式满足小 b 端高效支付、在线账期、延期融资三大需求。

（3）量子分期：基于中驰车福车主业务场景提供消费分期产品——"量子分期"。围绕车主用车的全生命周期联合金融机构提供金融服务，满足车主新车、二手车、租车、保险、维修保养的消费分期需求。

四　产融结合实践

起初，中驰车福产融结合是为了解决下游客户的支付问题而发展出供应链金融产品。中驰车福平台上的下游客户是大量的零售服务商和中小型汽修厂等小 b 端，分布在全国各地，这些企业一方面由于信用、资产抵押条件限制在银行往往很难申请贷款，再加上汽车行业更新换代，配件 SKU 量大（产品型号众多）、产品标准不统一，造成汽修厂库存压力大，资金紧张是常态。另一方面，当时能够服务企业端在线支付的银行寥寥无几，而大多数中小汽修厂开户行并不在这些大银行，再加上银行的属地管理和面签要求等问题，银行很难直接面对中驰车福平台上超过五万家、散布全国的汽修厂进行授信，造成汽修厂在线信用付款困难，不仅拉长了汽车产业链上相关卖方主体的应收账款账期，也增加了这些主体的经营运行成本。

中驰车福成立了量子金福给这些中小企业提供金融服务，以增加汽修厂对中驰车福平台的黏性以及通过加速汽修厂资金周转提升汽修厂的经营规模，减少中驰车福应收账款，快速回笼资金。量子金福是一个创新的"互联网 + 供应链金融"的金融科技（FinTech）平台，为前端平台中驰车福提供支付、结算及在线供应链金融业务等整套解决方案，并利用中驰车福七年发展所积累的配件数据库、订单交易库以及仓储物流数据库形成大数据风控体系，将平台上下游企业的外部征信数据、内部业务数据转化为信用资产，提供相对应的贷款。

量子金福发展并不是一帆风顺，成立初期与国内 50 余家银行等金融机构谈过合作，最终只有平安银行选择与其合作，但需要量子金福提供一定比例的保证金并承担所有的坏账风险。起初从平安银行拿到数亿元人民币初期授信额度，随着业务快速发展，量子金福将获得更大量级的资金支持和风险共担的承诺。量子金福的目的是想为平台上下游企业做"企业信用卡"，提供过桥资金和信用短贷，并通过小额分散来降低风险。量子金福的优势是贷款灵活、流程简单，其产品特点是总额控制、按单融资、按日付息、随借随还，其目的是为中驰车福平台上客户量身打造在线供应链金融服务，如在线开户、信用支付、免息账单、延期融资、一键还款等金融服务。量子金福在结算上进行创新，专为垂直电商量身打造，具有银行全、通道多、效率高等特点，客户可在线无死角、无障碍还款或支付。

在整个融资过程中，风险控制是至关重要的，特别是像量子金福这样完全靠信用提供金融服务的平台，核心是依托大数据分析的"大数法则"进行风险控制。因此，为了确保风险可控，量子金福风控团队设计了贴合电商平台业务场景的贷前、贷中、贷后三大环节的风控模型。贷前，量子金福利用中驰车福掌握的客户大量交易数据进行分析，区分优质客户和劣质客户，对其信用分别进行提升或降低额度管理，还通过大数据风控模型定期自动更新客户画像。也正是因为量子金福可以真正了解那些规模不大但资信状况良好的中小企业的信息，做信用贷款风险要比传统银行低很多。贷中，对已发生的贷款出现异常进行实时监控，若发现交易不稳定或者有潜在欺诈风险系统会自动实时进行额度冻结或调增、调减额度，同时利用线下配送人员到实地考察了解客户情况，进行跟踪管理和风险处理，真正做到线上和线下两种方式的风控联防。贷后，通过系统和在线方式多渠道（包括短信自动提醒、微信自动提醒、当日电话提醒等）提醒客户实时还款，对已发生的坏账案例进行分析，找出其原因进行总结归纳，避免以后再次发生或对特殊情况找出相应解决方案，如政府城市规划改造/修路、企业关停并转等，也对坏账高发区域进行风险控制。

供应链金融产品自上线以来不断扩展，开户数与放款额快速提升，逐渐成为中驰车福的核心产品之一。开通量子金贷的优质客户采购额普遍提升 3 ~ 5 倍，并且应收账款得到快速回笼，使其财务效率及业务效率大幅度提升，助推平台业务快速发展。目前中驰车福已合作资金方近 10 家，授信总额数亿元，开通客户近 3000 家，放款额月均复合增长率 50% 左右。单月放款已过亿元，贷款余额近 2 亿元，年化利息成本在 5% ~ 10%，贷款时限 1 ~ 6 个月。同时，金融产品 M3 不良率不到万分之五，实践证明主体信用极为可控、风控手段先进有效、资产质量非常优良。

中驰车福是一个典型的平台和供应链金融相结合的产融协同发展案例，其核心在于利用多年平台积累的客户交易数据、百万量级的配件 SKU 数据及线下分布全国各地区的 5 万多家中小微企业客户群体，建立以量子金福为主体的供应链金融服务体系，为中小微企业提供低息的小额信用贷款，吸引更多客户加入，推动平台规模的快速增长，满足产业链各主体的在线支付结算、账期和融资等需求，大幅提升行业资金周转效率。中驰车福汽车产业链云平台作为供应链金融在垂直产业的创新实践者，值得深入研究与借鉴。

（本案例由大成企业研究院胡冰川根据课题组赴中驰车福调研材料整理撰写）

瀚华金控集团：普惠金融、
综合金融先行者

瀚华金控集团（简称"瀚华"）于 2004 年在重庆成立。14
年来瀚华坚持金融服务实体经济，深耕中小微企业金融市场，目
前总资产突破 200 亿元，净资产超过 100 亿元，服务中小微企业
客户累计超过 20 万家，2017 年各项业务余额约 800 亿元。瀚华
已初步建成以民营银行、融资担保、小额信贷、私募股权基金、
金融资产交易、融资租赁及金融保理为主体的综合金融体系，为
中小微企业提供一站式、全周期、生态化的金融综合服务，已发
展成为国内最大的民营普惠金融集团。

一　瀚华普惠金融概念

瀚华从多年的实践总结中得出，普惠金融可以概括为"三
性"：包容性、综合性和互惠性。包容性是普惠金融的定位，就
是服务中小企业、小微企业、农户等弱势群体；综合性是普惠金
融的模式，由于中小企业是金融弱势群体，在信息、流动性、人
才上有不足，只有综合性、一站式的混合服务模式才能满足它们

的需求；互惠性是普惠金融的定性，普惠金融不是优惠金融，高风险的金融产品必须确定合理的价格，否则无法形成可持续的商业模式。

二 瀚华普惠金融、综合金融的战略及布局

由于中小微企业和农户等金融弱势群体缺少抵押物、盈利不稳定等，普惠金融的商业可持续性已经成为一个世界性难题。2016年，瀚华提出集股权、债权、交易于一体，多种金融工具灵活转化的"三大平台"模式，即伙伴金融、平台金融和生态金融。金融牌照是瀚华三大平台的基础和依托，目前共有九大类牌照，涵盖银行、保险、担保、保理、租赁、小贷、基金、资产管理和资产交易中心。瀚华提出伙伴金融理念，通过与中小微企业深入结合，减少金融机构与企业互不信任及信息不对称等痛点，建立更加持续长久的方式伴随企业共同发展，风险共担，收益共享，以此构建新的生产方式，打造新的生产关系，最终形成新的生产力；平台金融是一种方式，瀚华为了更好地发挥自身金融牌照和金融资源的作用，建立一个开放的金融平台，聚集更多的核心企业、优秀企业家及金融人才，为他们提供品牌背书、优质资源及金融工具，从而更加有效地整合金融、产业与人才资源，推动金融和实体深入结合，更大化地帮助企业股权与债权、直接融资与间接融资、资金与资产的融会贯通，为中小微企业提供实惠稳定的金融综合服务；生态金融是瀚华提出的金融服务的目标，通过为企业提供初创期、发展期、成熟期的全生命周期金融服务，并帮助他们进入强势的生态系统，使其获得更佳的发展空间和机遇。以金融为纽带，通过产业、贸易、科

技的深入合作，打造立体的产融生态系统，扩大普惠金融的覆盖面，让每一个人、每一家企业的生存环境更和谐美好，打造一个综合考虑人、城、产、融的立体化生态跨界体系。

目前瀚华确定了五大业务方向，一是供应链金融，瀚华通过核心企业，利用自身的金融工具，如融资租赁、商业保理、担保、小额贷款等，为核心企业上下游提供供应链金融综合服务；二是小额信贷，主要以O2O的线上线下模式开展，既可以降低瀚华运营成本，从而降低中小微企业融资成本，又可以吸引更多优秀资源加入线上平台，更好地实现线上线下有机结合；三是股权投资，瀚华不是简单的财务投资，不以退出为目的，而是要形成与客户的长期紧密的合作关系，并以此为纽带和切入点，延伸到整个产业链条，解决链条上的中小微企业短期的流动性需求；四是资产管理，以不良金融资产的收购、处置和转让为切入点，逐步延伸到优良资产管理，按照"错位竞争、产融互动、资源联动"的定位，提供债权活化、股权投管、并购重组及财务顾问等一站式全链条金融服务；五是特色小镇金融，瀚华以普惠金融支持城镇化建设，向特色小镇提供中长期战略投资、项目开发运营和综合金融等全产业链服务，推进自然、社会、经济三大生态的融合发展。也为伙伴金融、平台金融和生态金融提供一个场景化载体，通过聚合不同的产业场景和产业资源，让金融服务更好地落地。

三　瀚华产融协同开展综合金融服务

瀚华的"三大平台"和"五个业务方向"都有一条主线，就是与企业和产业深度结合，产融协同，利益共享。在实际操作中，瀚华充分发挥多牌照的优势，开展多种工具的综合金融服务。

瀚华董事长张国祥认为，必须坚持产融结合，不是一般的结合，而是要产融一体深度的融合，要以资本为纽带的产融结合。瀚华选择有发展潜力的小微企业，开展全生命周期服务，通过直接投资建立股权关系，投贷联动，并利用多种金融工具解决企业融资痛点，避免企业在流动性上过于操心，避免因资金不足而导致好项目半途而废。如果没有资本纽带，互相之间无法建立信任的关系，银行就可能随时断贷、抽贷，企业也不会成为银行的牢固伙伴。

瀚华从成立之初就秉持服务中小微企业的理念，但是单一的小微客户服务成本高、风险大，它们开始向产业链转移，围绕核心企业的供应链衍生出大量的中小微企业客户，也延伸出大量个性化的金融需求。为了克服金融机构对产业缺乏了解的弱点，瀚华与行业龙头企业、当地政府共同打造产业投融资平台，一方面，发挥企业家多年深耕本行业的优势，调动他们的经验、智慧、资源和带动能力，另一方面，瀚华作为综合金融服务提供商，可以提供信贷、担保、租赁、保理、发债等多种金融服务，能够为行业内、产业链上的中小企业开展多层次、多方位、多功能的金融综合服务，推动当地优势行业的蓬勃发展。

瀚华的综合金融服务体现在各金融工具的协调配合。它们树立以服务客户为中心的经营理念，不断挖掘客户的金融需求和融资痛点，根据企业发展需求，择优选择适合的金融工具，为企业提供个性化定制的综合金融服务解决方案，企业只需面对一家专业金融机构即可得到多品种服务。综合金融服务克服了金融机构分业经营造成企业信息不连贯、资金供给与企业发展需求不匹配、金融品种单一、多种融资工具衔接不顺等弊端，克服了多家金融机构对企业重复评估效率低下的问题。

（本案例由大成企业研究院胡冰川根据课题组赴瀚华金控集团调研材料整理撰写）

民生银行：供应链金融服务实体经济

目前，供应链金融有三种比较有代表性的商业模式：一是以电商平台为主的商流模式，以订单为入口、付款为出口，通过资金的流转把上下游企业聚拢在电商平台上；二是以物流企业为主的物流模式，通过控制货权及利用货权质押的方式向上下游企业提供融资；三是以商业银行为主的资金流模式，通过对客户主体资质及财务状况的掌握，介入上下游企业融资。

对于商业银行来说，供应链金融是把原来从对单个企业的授信扩展到对核心企业产业链条上，根据交易关系的不同来设计金融方案，然后将资金注入企业上下游中相对弱势的中小企业，为整个链条发展提供动力。

近年来，国内银行的供应链金融发展迅速，在汽车、装备制造、医药、酒类等典型行业形成了服务"大、中、小、微"各类企业、涵盖"产、供、销、消"各环节的供应链金融模式，已由过去的"蓝海"产业变成现在的"红海"产业。这种形势倒逼商业银行加快对供应链金融模式创新。民生银行利用其自身优势，从成立至今，一直深扎民营企业，具有良好的银企关系，深入了解民营企业"融资难、融资贵"的痛点，利用线上操作的灵活性，围绕核心企业，切入企业 ERP 系统，整合上下游资金流、物流和信息流，通过模式创新，构建全方位、多功能的供应链金融圈，更好地实现产融协同发展。供应链金融的推出，不仅提高了民生银行的竞争力，也迅速地扩大了其市场份额。

一　民生银行供应链金融发展历程

2003 年，民生银行开始尝试做传统的线下供应链融资，当时推出"厂商一票通"业务，利用保理业务为生产商减少应收账款，加快资金回流，为经销商提供融资需求，加大商品采购量，获取商业折扣，该业务也为民生银行带来了非常好的收益。过去中小企业往往以房产、土地等不动产为抵押物融资，民生银行为了解决中小企业这一痛点，2008 年开始全面做动产融资业务，以存货、应收账款及其他合格的动产质押物，为中小企业提供贷款，业务很快发展到千亿元规模。2009 年民生银行提出为核心企业及上下游产业提供供应链金融服务，2010 年开始实施，并围绕 16 个不同行业，如港口、钢铁、纺织等，结合企业实际的运营模式，推出一系列融资解决方案。到 2012 年民生银行就实现了"双万工程"，即服务的客户数达到万户，累计发生额过万亿元。2013 年，由于中国宏观经济影响，民生银行开始减少周期性行业融资参与度，进行业务转型升级。2016 年，为了解决线下融资烦琐程序及降低运营成本，推出了线上融资模式，并于 2017 年开始系统性地设计和打造了新的供应链金融模式。2017 年，民生银行被银行业协会评为最佳供应链金融银行。

二 民生银行供应链金融特点

多年来，大多数中小企业一直受制于"融资难、融资贵"。民生银行推出的供应链金融，以配套中小微企业与核心厂商之间的贸易背景作为融资介入点，采用核心企业信用支持、企业存货控制、应收账款回款锁定等手段，满足了一些中小企业的融资需求。民生银行供应链金融特点就是利用线上作业的便捷性，基于核心企业各个交易场景，为产业链中小企业提供个性化金融方案，打造一个多方共赢的供应链金融生态圈。

（一）"供应链金融＋互联网"模式

民生银行正在积极推进供应链金融与"互联网＋"技术的融合与提升，融资服务可以在线实时发起、实时响应，签约、融资、还款在网上可以完成，并利用互联网的数据获取能力和后台的模型分析能力，快速了解企业资金需求特点，进而有针对性地为中小企业提供标准化、高效率、低门槛的金融服务。民生银行再通过与核心企业深入合作，以核心企业信用为背书，接入企业 ERP 系统或通过核心企业部分数据分享和工商税务提供的线上数据，可以更快地筛选产业链上的优质中小企业，也可以了解真实的贸易背景，进一步增加了民生银行风控的准确性和可控性，并迅速为优质客户提供相应的融资服务。

（二）场景化金融模式

场景化金融就是基于核心企业各个交易场景，为其及上下游企业提供一体化、个性化的供应链金融解决方案。通过深入企业的实际供产销环节，贯彻"以客户为中心"服务理念，换位思考企业的实际金融需要，针对企业采购、市场销售、平台交易等不同交易场景，设计有针对性的场景化金融模式，提供合适的金融产品，比如票据管家，帮助企业减少票据管理环节，企业通过票据管家可以实现大票换小票金融服务；也可以为核心企业及上下游企业提供应收账款融资、跨行保、结算类资金管理以及资金归集等业务。具体产品案例说明，如"在线汽车金融"业务主要解决汽车4S店预付采购、铺货销售的场景化融资需求，民生银行应用了线上化操作、信息互联、电子定位等新技术，使企业不用再往返于银行网点之间，只要通过民生银行的网上银行，就可以完成融资申请、在线出质、提车申请等操作。"在线汽车金融"不仅降低了汽车销售企业的业务成本，还通过对质物的订单信息、结算和融资信息等进行匹配和分析，形成一个企业信用数据画像，使企业成为真正的"虚拟资产"。"场景化"是未来民生银行供应链金融乃至整个银行金融服务的发展方向。

（三）打造一个多方共赢的供应链金融生态圈

2016年以来，民生银行聚焦供应链核心企业与供应链中小企业之间的交易场景，围绕采供销各交易环节的金融服务需求，搭建了公司网络金融——"E融平台"，作为新型供应链金融服务模式下的统一管理与作业平台。民生银行把核心企业及其上下游中小企业聚集在"E融平台"上，并基于真实的贸易背景，围绕核心企业，针对产业生态圈各方需求提供全方位服务。通过外部数据的交互，将工商信息、征信信息、法院信息等放在这个平台上，各企业也可以通过"E融平台"与平台内其他企业产生合作，实现银行、核心企业和上下游企业多方共赢的新型供应链金融生态圈。

三 民生银行供应链金融应用典型案例

（一）A知名白酒集团案例

酒类消费有很强的时效性，特别是在春节、各类假期。在黄金销售期，经销商有备货量大的冲动，也就有相当大的融资需求。A集团在全国各地有2000余户经销商，其销售模式不像其他酒企在全国建立区域经销商，负责区域的统销作业，A集团采用的是扁平化的销售模式，即一家企业对2000余户经销商，有的是企业，有的是大型超市，也有个人经销商。过去在旺季时候，每天需要20多位财务人员逐页对账，其工作量和工作强度非常大，准确性跟不上。民生银行为核心企业A集团设计一款订单系统来解决产业链各环节程序烦琐和融资问题。经销商可以通过自己的民生银行企业银网在家或办公室提交采购订单，民生银行与A集团对账以后，根据A集团批量额度及不同经销商订单采购量，核算出给经销商一个独立的授信额度。由于民生银行全面接入A集团ERP系统，对2000多家经销商进行了全面了解，当经销商有融资需求，民生银行可根据经销商订单量及信用评级，核算其融资额度，把相应款项定向打到A集团，并把货物存放在A集团仓库，控制货物安全性和贸易真实性；经销商通过企业网银，可向A集团发出订单需求，民生银行收到经销商的相应货款或保证金，通知A集团发货。由于核心企业的信用背书，民生银行已经把经销商融资门槛从过去销售额 1000 万元降低到 500 万元，为产业链上的更多的中小企业提供金融服务。同时，民生银行也对经销商进行细分化融资服务，过去实力强的经销商要存有大量现金以备旺季采购，不能把闲置现金长期理财。对于这样的经销商，民生银行可以提供灵活的资金安排，淡季时，为经销商提供一些收益类的理财服务，完全在线上操作，可以跨行交易；旺季时候，为其提供融资供给，合理解决这类经销商的现金管理问题。另外，民生银行也为 A 集团上游供应商提供应收账款融资服务，减少其账期，加快资金回流，以此打造以 A 集团为核心的供应链生态圈，实现银企互利共赢。2017 年 A 集团销售额突破 110 亿元，利润增幅高达 28%。

（二）B 家电集团案例

2017 年的"双十一"，民生银行与天猫商城、支付宝以及 C 物流共同合作为 B 家电集团提供一个闭环的供应链生态圈。"双十一"时，B 家电集团经销商在天猫商城上有很多家店，销量比较大，要集中备货。首先，B 家电集团向民生银行推荐经销商，经销商通过授信申请，向 B 家电集团购货，民生银行把货款打给 B 家电集团，B 家电集团把货物集中发到 C 物流仓库，并质押给民生银行，由 C 物流实时监控货物情况，发送货物详细信息给民生银行。当消费者下单，经销商把货款或保证金打给民生银行，民生银行通知 C 物流发货，经销商也可以直接把货物寄给终端消费者。在这个过程中，如出现违约，支付宝有权自动将货款余额打到民生银行，核心企业 B 家电集团承担阶段性回购责任，C 物流帮助民生银行处理剩余质押物。这个案例实现了银行、核心企业、经销商、物流、平台及个人消费者的闭环供应链金融生态圈，2017 年"双十一"，B 家电集团销售额比上年同期翻三倍。

四　民生银行供应链金融的意义

民生银行供应链金融发展一方面促进了业务管理体系的不断完善，部分线下业务向线上转移，既降低了民生银行运营成本，又通过一系列的金融科技应用促进了整体技术水平进步；另一方面扩大了中小企业市场，提高了行业内竞争力，增加了银企的黏性。未来，民生银行将秉持"为民而生、与民共生"的使命，致力于持续创新供应链金融，让越来越多的中小企业获得普惠金融服务。

（一）通过发展新型供应链金融完善业务管理体系

民生银行在大力发展新型供应链金融过程中，也不断完善供应链金融的业务管理体系，从传统的管理方式向前、中、后台协同作业的管理模式转变；从以单户的财务报表为主的授信模式转向以核心企业信用为主的批量授信；从单一的产品服务模式逐渐向行业化、特色化转变，根据不同行业设计不同的供应链金融解决方案；从传统人工线下作业向线上化、网络化转变。特别是民生银行"E融平台"的搭建，是民生银行对以往供应链金融开展的"基础设施"进行了一次全面革新，对内可以有效串联行内各个流程部门和职能模块，形成了全流程线上化处理模式，从而解决了业务上的效率和操作标准化问题，而且让银行内部的前、中、后台一起面向市场进行服务，真正贯彻了"以客户为中心"的理念。对外通过互联网与各类企业进行连接和互动，一方面，企业可以更便捷地获取银行金融服务，解决服务的物理距离问题，获得良好的操作体验；另一方面，也可以更快更及时地传递各类信息，这与线下人工方式相比，大大提高了作业效率。线上业务的推出不仅解决了民生银行的运营成本痛点，也有效地扩大了中小企业融资市场份额。例如票据业务，过去需要四个岗位作业，现在为零。据民生银行统计，转移到线上的业务，平均岗位压缩了20%～25%。

（二）新供应链金融增加了民生银行与企业的黏性，更好服务实体经济

目前，与民生银行深入合作的核心企业近百家，通过系统交互的核心企业近20家家。民生银行通过对线上作业的全流程优化，即贷前的客户背景调查、贷中放款环节及贷后预警环节，全面深入与核心企业合作，共同打造一个供应链生态圈，帮助核心企业搭建产、供、销一体的资金流转体系，为产业链提供源源不断的动力，也为核心企业在财务管理方面提供科学的管理和运营建议，帮助企业降低日常经营过程中产生的数据分析成本，如财务信息分析、应收账款账龄分析等，进一步增强其产业链竞争力及核心企业竞争力，增加银企的黏性。

（三）新供应链金融促进了民生银行金融技术进步

民生银行做供应链金融一方面得益于核心企业信息化、平台化大幅度提高，另一方面得益于金融科技不断进步。核心企业ERP系统基本记录了与上下游企业的交易信息，包括合同信息、付款信息及过往的账期和违约，为银行提供了很好的数据分析；而民生金融科技发展又进一步完善了银行风险控制能力，弥补了银行对中小企业授信很多环节的空白。例如，在汽车融资板块，利用物联网技

术实施实时监控，解决了监管人员人工成本高的问题；利用电子签名提高线上作业效率，解决了合同流转过程中需要大量岗位来盖章的问题。新供应链金融的"三化"发展，即网络化、可视化及智能化，推动了民生银行整体金融技术的进步。具体来说，签约、融资、还款等作业可以在线上操作完成；在业务节点，通过在线可视技术，实时了解流程进度、抵押物位置及状况；通过智能化连接，与核心企业数据共享，提高风险精准识别能力。民生银行还通过建设大数据应用平台，强化交易信息、金融资产信息、征信信息及金融产品操作等数据的交互、沉淀与应用，打造基于供应链大数据的数据化评审、风险监控和预警体系，让数据资产成为更多中小企业看得见、摸得到的"实际资产"，从而有效解决中小企业的"融资难、融资贵"问题。就像洪崎董事长说的，民生银行未来要向科技公司转型。

（本案例由大成企业研究院胡冰川根据课题组赴民生银行调研材料整理撰写）

三一集团：产融协同打通
产业痛点

三一集团始创于1989年，已发展为中国最大、全球第五的工程机械制造商，业务全面涉及混凝土机械、挖掘机械、起重机械、路面机械、煤炭机械、港口机械、海洋工程等装备制造领域，旗下拥有三一重工、三一国际两家上市公司，2016年三一集团销售额637.58亿元。当前三一集团在供给侧改革和"一带一路"倡议带动下，业绩大幅增长，其中，三一重工2017年上半年实现营业收入192.08亿元，同比增长71.2%；净利润11.60亿元，同比增长740.9%。三一集团目前提出"新三一"蓝图，未来它们将毫不动摇地坚守装备制造业，利用新方法、新技术提升装备制造业竞争力，打造世界级品牌；着力发展以风电为主的新能源产业；继续推进汽车金融、保险、银行等金融业务发展，并运用互联网技术，让金融成为协同实业发展的重要产业；利用多年积累的工程机械大数据，建立未来中国工业互联网平台，促进行业健康稳定的发展。

三一集团产融结合战略目的主要有两点，一是向产业相关的金融业务自然延伸，通过经营协同效应创造价值；二是摆脱单一产业周期波动的冲击，保持稳定现金流，打通行业痛点，继续助力实业稳定发展。

具体来说，工程机械有价格高、回收期长、设备使用期长、购买产品一次性付款难、市场上客户数量较少等特点；在改革开放初期，中国经济高速发展，基础设施建设蓬勃兴起，市场需求大增，但工程机械金融服务不完善，缺乏适应工程机械特点的金融产品，技术上又很难与海外公司竞争，造成了中国工程机械企业发展缓慢，市场占有率很低。

2002 年初，光大银行率先推出"总对总"工程机械按揭贷款业务，并把支持工程机械产品金融链业务作为光大银行中长期业务发展战略，从资源配置、管理体系上探索新思路，在风险可控情况不断完善产品种类，在 2002～2010 年工程机械黄金时期，累计投放超过 800 亿元，市场占比将近 60%，因此光大银行是被中国工程机械工业协会授予"中国工程机械行业金融突出贡献奖"的唯一商业银行。同时，"光大模式"带动了其他商业银行进入工程机械领域。在银行的支持下，我国工程机械行业迅速打开了市场局面，三一集团也在这个时期得到了快速的发展，成为中国工程机械行业的领先企业。可以说，三一集团及其整个行业受益于银行针对其行业特点推出的贷款品种，这些贷款品种为整个工程机械行业注入了新动力，推动行业进入快速发展轨道。这也是银行与产业深度合作、产融结合的一个成功的范例。目前工程机械市场仍有 50% 的销售依赖银行按揭贷款。

从 2004 年起，三一集团主动进入金融领域，专注于工程机械行业的金融服务。同年，三一集团通过并购与金融结合，全资并增资 4000 万美元收购中国康富国际租赁公司全部股权，为工程机械行业提供租赁金融服务，2004～2013 年，依托三一集团平台和产业优势，中国康富国际租赁公司融资规模以平均每年100%以上的复合增长率增长，逐渐成为三一集团资产管理中心、风险控制中心以及利润服务中心，在整个工程机械行业中名列前茅，成为工程机械行业标杆企业，十年累计完成业务量796.58亿元，实现了与三一集团的共同发展。2014年三一集团放弃大股东地位，引进国电投集团、摩根士丹利及其他投资机构，一是为了扩大业务范围，为核电、风电、医疗、现代物流等行业提供机械设备融资租赁业务；二是专注于主业发展，让金融成为协同主业发展的重要产业。从2016年三一集团财务报表来看，金融服务收入占营业总收入4%左右，利润比重也在4%左右，而装备制造收入占营业总收入93%左右。

2010年，三一集团又成立了全资子公司——三一汽车金融公司，业务品种不仅涵盖工程机械车辆的贷款、租赁、保险、信托等众多领域，还能为客户提供一站式、全流程的整体解决方案，并在全球各个市场形成各具特色的金融产品、服务和业务模式。经过多年发展，三一汽车金融公司已建立完善风险管控和转移体系，以及强大的金融服务和金融资产运营能力，依托三一集团主业发展延伸至金融的各个相关领域，并助推集团业务发展和全球扩张，目前已在美国、新加坡等地建立分支机构，逐步建立全球范围内统一管理、相互协调的支持企业发展的金融业务板块。据三一集团官网公布的数据，三一汽车金融公司未来三年资产规模将超300亿元人民币，成为三一集团新的重要的利润增长点。

2016年，三一集团联合14家企业共同发起成立久隆财险，久隆财险是首家服务于装备装备制造行业的专业保险公司，截至2016年12月31日，实现年度保费收入5634万元。背靠股东深厚的产业背景，久隆财险积累了丰富的装备行业技术知识，结合股东提供的大量的工程机械数据，不仅可以为客户提供合理、公平及准确的保险定价，也可为客户量身定制完善的保险解决方案。更重要的是久隆财险与先进物联网技术结合，可以更加有效地控制风险，为装备制造行业提供专业的安全保障及增值服务。如通过实时物联网数据，提前发现处于风险高发区域的装备风险高发地点，提前预警和干预；通过海量动态数据将行为和结果准确关联，对客户风险和使用习惯精准分析，从而提供个性化的风险解决方案；基于施工时间、行驶里程、施工时效等为客户量身定制指标的 UBI（Usage Based Insurance）保险产品；根据使用和风险程度，让保险定价更科学，保险收费更公平合理，在出险频度较高的区域提前配置理赔、公估及救援等资源，随叫随到，确保客户服务体验和满意度。

2016 年三一集团联合 9 家民企共同发起成立三湘银行，致力于将其发展成为一家专业服务于产业链金融、科技引领实现普惠金融的创新型民营银行，也为三一集团上下游相关产业提供金融服务，助力集团主业稳定发展。

从三一集团产融结合路径来看，其发展金融主要是为了解决本企业、本行业不同时期发展过程中遇到的痛点和难点。为了解决工程机械行业特点带来的市场扩展困难的问题，三一集团一是通过并购中国康富国际租赁公司，抓住当时发展机遇，利用租赁增加产量和规模，租赁业务不仅为客户提供长期金融服务，也增加了购买产品的目标客户，租期到期后，客户可选择以优惠价格购买或延长租赁；二是当发展到一定阶段，通过成立三一汽车金融公司，提供 2~3 年的按揭贷款，弥补外部金融机构留下的 10%~15% 的市场缺口，然后延伸到与产业相关的其他金融服务，为客户提供更全面细致的金融解决方案，不仅增加了老客户的黏性，也增加了新客户，进一步扩大市场份额；三是三一集团发起成立久隆财险，利用自身深厚的产业背景、海量工程机械数据及物联网技术，解决了保险为工程机械合理公平定价问题，通过实时监控设备运行，不仅提前配置理赔、公估及救援，也延长了设备使用寿命，进一步增加客户黏性，巩固市场地位。

另外，针对工程机械行业应收账款多的特点，三一集团通过资产证券化（ABS）、商业保理等金融工具保证企业稳定的现金流。而且三一集团还充分利用旗下上市公司的功能，通过定增、发可交换债、发公司债等方式进行融资，如2016年发行两期6年可交换债，总额73.5亿元，票面利率分别3.6%和3%，2016年还发行6年期公司债券，票面总额45亿元，票面利率0.2%～2%。

总体来说，三一集团产融结合给我们的启示是产业向相关金融业务延伸，能更好地开拓市场，提高为客户服务的能力，其主业不但没有被削弱，而且得到了强化，也降低了企业融资成本。坚实的产业基础与金融服务深度结合可以对抗由金融带来的风险，实现经营协同创造价值，构建一个稳定产融结合模式，保证企业在任何时候都能够稳步长久发展。

（本案例由大成企业研究院胡冰川根据公开资料整理撰写）

海尔集团：产融结合，打造产业航母

作为中国本土成长起来的世界 500 强企业，海尔集团发起产融结合时间早，持续过程长，面临的困难和解决方案有代表性，所取得成绩也较为突出，其产融结合的经验极具代表性和借鉴意义。

一 海尔集团基本情况

海尔集团（简称"海尔"）1984 年创建于中国青岛，从一家亏损严重的电冰箱厂逐步发展壮大，建成现在集科研、生产、贸易及金融等于一体的国家特大型企业。

目前，海尔在全球有 5 大研发中心、21 个工业园、66 个贸易公司，用户遍布全球 100 多个国家和地区。2016 年海尔全球营业额实现 2016 亿元，同比增长 6.8%，近 10 年海尔收入复合增长率达到 6.1%，利润复合增长率达到 30.6%，连续 15 年蝉联中国品牌价值百强榜首，连续 7 年蝉联全球大型白色家电第一品牌。

在互联网时代，海尔致力于转型为真正的互联网企业，打造以社群经济为中心、以用户价值交互为基础、以诚信为核心竞争力的后电商时代共创共赢生态圈，成为物联网时代的引领者。

海尔涉足金融领域始于20世纪90年代，经过多年的发展逐渐形成了布局完整的金融版图，其金融板块为集团实体产业的发展做出了突出贡献，促进了集团综合实力和整体竞争力提升。

二 海尔集团产融结合的发展历程

2001年，张瑞敏首次向外界展示了海尔的三大战略，其中之一便是构筑产融结合的跨国集团，通过投资金融业产生跨行业的协同效应。也正是2001年，海尔通过分散股权安排的方式实现了对青岛商业银行的控股，随后，海尔先后进入保险证券行业，并于2002年成立财务公司。经过16年的金融产业化发展，海尔金融体系已经形成了一个以"产业"引领金融的综合型平台——海尔金控。

海尔集团（青岛）金融控股有限公司（简称"海尔金控"）于2014年2月成立，由海尔电器国际股份有限公司全资持有。海尔金控旗下金融/类金融机构16家、法人公司31家，包括海尔集团财务公司以及融资租赁、小额贷款、消费金融、金融保理、第三方支付、财富管理平台、清算平台、资产交易平台等金融服务业务，同时拥有专注于股权投资和基金管理的创投公司，并且控、参股青岛银行、北大方正人寿等多家金融企业。此外，海尔集团还在上海和香港资本市场拥有青岛海尔、海尔电器两个上市公司资本运作平台。

海尔金控布局完善，通过为海尔供应链成员提供多种金融服务，有力地促进了海尔集团主营业务的发展和壮大（见图1）。在服务海尔生态的供应链金融的基础上，其业务范围还逐步扩展到社会化的产业链金融领域，并在金融市场上具有一定的竞争力。

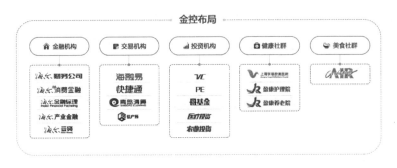

图1　海尔金控布局

资料来源：海尔金控官网。

三　产融结合助力海尔集团打造产业航母

海尔集团通过产融结合发展，一是拓展了融资渠道，为企业发展提供资金支持；二是通过金融产业服务集团成员企业，提高集团内部资金的使用效益和经营效率；三是为供应链上下游企业和消费者提供金融支持，促进集团主营业务快速发展；四是通过社会化金融服务，为集团贡献了收益和利润。

（一）通过上市融资，为企业发展提供资金支持

1993年，青岛海尔在上海证券交易所上市，首次公开募集5000万元社会资本，自此海尔集团拥有了强大的融资渠道，并通过这一渠道进行了多次再融资。目前，海尔集团在上海和香港资本市场拥有青岛海尔和海尔电器两个上市公司资本运作平台，这两个

平台所募集的资金，帮助海尔完成了多元化发展和国际化发展等一系列大规模扩张并购，奠定了海尔世界家电巨头的地位。

（二）投资金融机构，获得分红或资产增值收益

得益于中国金融业的快速发展，海尔集团控、参股的几家金融企业规模和收益也在不断扩张，为集团贡献了投资收益。

如长江证券（原湖北证券），2002 年在长江证券增资扩股过程中，海尔以 4.7 亿元投资获得 20% 控股权。2015 年 4 月，由于金融布局调整，青岛海尔投资发展有限公司作价 100 亿元人民币将其所持长江证券股份转让给新理益集团。如果将 2002 年以来股份转让和红利计算在内，海尔从长江证券上获得的收益绝不止百亿元。

再如青岛银行，2008 年，青岛银行顺利增资扩股，引进了意大利联合圣保罗银行（ISP）和洛希尔金融控股有限公司（RCH）等境外战略投资者，注册资本则由 11 亿元达到 34 亿元，并开始了国际化改造和上市工作。截至 2016 年 12 月 31 日，青岛银行资产总额为 2779.88 亿元人民币，净利润为 20.89 亿元人民币。

（三）用好财务公司，在提高集团内部资金使用效益的同时服务上下游企业

海尔财务公司作为集团金融资源整合与集聚的平台，致力于为产业链前、中、后端提供全流程金融解决方案。截至 2017 年底，公司资产总额 763.52 亿元，当年营业收入 26.53 亿元、利润总额 18.96 亿元，净资产收益率居财务公司行业前茅。

在服务集团成员企业的同时，海尔财务公司还通过提供应收保

理、票据贴现、买方信贷等一系列金融产品，为海尔集团4000多家供应商、3万多家经销商提供融资支持。2016年，海尔财务公司先后推出"融e贷""程易贷""生意兴融""海易兑"等金融标准化产品，为上下游企业提供了更加快捷、便利的金融服务。

（四）大力发展互联网供应链金融，助力海尔生态圈企业发展

供应链金融，是核心企业与金融机构之间达成的面向供应链成员企业的融资业务。目前，海尔集团依托过去30多年积累形成的上下游供销体系，以及大量的用户、品牌等资源，通过旗下金融机构或者与商业银行合作等方式为海尔的供应商、经销商提供融资服务。

海尔发展供应链金融的关键点在于，海尔将自己的信用注入整个产业链条，作为核心企业的海尔可以为上下游企业提供信用担保，并且对资金流、信息流、物流进行有效控制，单个企业的不可控风险转变为供应链企业整体的可控风险，并将风险控制在最低。

近年，海尔全面推进"互联网＋"战略，不断探索和完善基于互联网平台的供应链金融模式。

1. 与商业银行合作为上下游企业提供融资服务

受制于传统的风险控制手段，"抵押、担保"等对小微企业、小企业信用风险的过分"佐证"，使融资难长期困扰着小企业发展和银行信贷投放。为解决海尔集团上下游中小企业融资难问题，海尔集团与银行合作开展互联网供应链金融业务，为产业链上的中小企业提供了便捷的融资服务，在助其提升经营能力、健康成长的同时，也提高了作为供应链核心企业的海尔自身的竞争力。

2014 年，海尔与中信银行、平安银行签订战略合作协议，以海尔日日顺 B2B 平台为基础联合上述两家金融机构对下游经销商提供供应链融资支持，搭建相融相通的供应链在线融资网络平台。

该平台将海尔集团旗下日日顺平台现有的销售、物流、信息与银行供应链网络金融业务紧密结合，由中信银行和平安银行为海尔集团日日顺平台上的经销商提供便捷融资和支付服务，并通过严密的管理流程，借助大数据的分析技术有效控制风险。

目前，海尔与银行针对经销商主要开展了"货押模式"和"信用模式"两种互联网供应链金融业务。[①] "货押模式"是针对经销商为了应对节日（如五一、十一、春节等）消费高峰，或者抢购紧俏产品/品种，或者每月底、每季底为了完成当月或季度计划获得批量采购折让而进行大额采购实施的金融解决方案。"信用模式"则是针对经销商当月实际销售而产生的小额采购实施的金融解决方案。

"货押模式"的具体操作流程是（见图 2）：经销商通过日日顺 B2B 官网向海尔智慧工厂下达采购订单，之后经销商需将 30% 的预付款付至银行；经销商随后向海尔供应链金融申请货押融资，海尔供应链金融将信息传递至银行，并提出建议额度；银行审核后付款至经销商监管账户，海尔供应链金融将资金（70% 敞口）定向付至海尔财务公司，财务公司通知智慧工厂排产生产；工厂生产出产品成品后，发货至日日顺物流仓库，货物进入质押状态；经销商向海尔供应链金融申请赎货，然后将剩余货款归还至银行；海尔供应链金融在获取全额资金支付信息后，通知日日顺仓库，货物解除质押；日日顺物流开始配货，并通知经销商提货。

---

① 宋华：《互联网供应链金融》，中国人民大学出版社，2017。

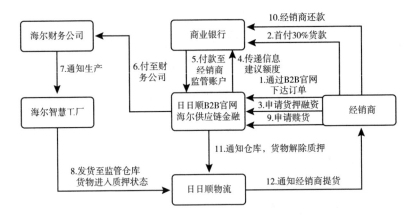

图2 海尔"货押模式"流程

"信用模式"是基于经销商的业务信用而提供的金融解决方案，其具体业务流程是（见图3）：经销商需要向海尔提供当月的预订单（即当月的意向订单）；海尔智慧工厂根据预订单进行生产；海尔供应链金融和银行根据经销商的信用状况提供全额资金，并定向支付至海尔财务公司；财务公司准许工厂发货，工厂则通过日日顺物流配送至经销商处；经销商收到货物后支付款项至商业银行。

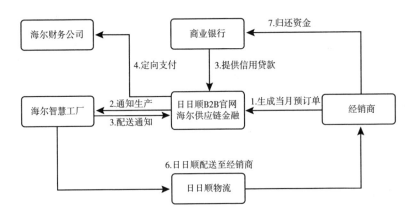

图3 海尔"信用模式"流程

海尔与银行合作的互联网供应链金融平台上线后，海尔日日顺 B2B 平台上的经销商不用抵押、不用担保、不用跑银行办手续，通过平台上的"在线融资"窗口申请贷款，资金即时到账，不仅方便快捷、效率高，还能享受到同大企业一样的优惠利率，大大减少了利息支出。目前海尔互联网供应链金融的"货押模式"利率为年化 5.7% 左右，而"信用模式"则为年化8% 左右，海尔互联网供应链金融则通过商业银行代收获取 1%的服务费。

海尔供应链金融还和中信银行劲松路支行协同创新，充分利用银行票据管理的优势，提供银行承兑汇票服务。例如，在"货押模式"下，经销商在支付 30% 的首付款后，可以向海尔供应链金融和中信银行申请开票，在支付开票费后，银行在线开具承兑汇票，并付至海尔财务公司，之后经销商打款从日日顺物流赎货。所有过程中信银行不收取任何融资费，只是需要经销商承担 5‰的开票费和代海尔供应链金融收取的 1% 服务费，而与此同时经销商还能享受 30% 首付款的存款利息。

2. 通过海尔金控旗下金融机构独立或协同为上下游企业提供融资服务

除与银行合作外，海尔还积极发挥金融布局完善、金融牌照齐全的优势，开展多种业务，通过旗下金融机构单独或者协同为上下游企业提供金融支持。

如海尔旗下 P2P 平台海融易，2014 年 12 月底，海尔互联网金融（乐赚）正式成立运作，旗下有互联网理财平台海融易和第三方支付公司快捷通。海融易专门针对海尔经销商推出了"海融易经销商信贷"产品，其目标客户为与海尔各工贸分公司签约合作不少于 24 个月的经销商，贷款必须用于经销商在海尔巨商汇（365rrs.com）提货的海尔产品，贷款资金默认入账到 365 日日顺账户，贷款期限 3~12 个月，贷款年化利率低至 9.5%，平台收取融资金额 0.5% 的服务费。

经销商通过海融易申请贷款，一是周期短，从提交申请到审核放款两个工作日全部流程走完；二是无须提供担保物，只需缴纳金额不低于借款金额 10% 的保证金。海融易的融资服务，促进了借款企业的经营发展。以江苏盐城的海尔电器县级总代理为例，通过海融易无抵押担保的融资服务，该企业资金周转率大大加快，在海尔经销商业务规模普遍增长缓慢的情况下，月销售额增加了 30%，资金周转率最快可以达到 1 个月 2 次，这在 1 年周转 3 次的家电行业是很难做到的。

（五）发展消费金融，促进销售业务增长

开展消费金融服务，一方面能够满足消费者的正常消费需求，促进消费升级换代，另一方面也促进了海尔集团销售业务的增长，达到了优化集团金融体系资产结构、促进利润增长的目的。

2014 年底，海尔消费金融有限公司成立。海尔消费金融依托海尔产业，在 2015 年初推出了海尔家电"零首付、零利息、零手续费"的"0 元购"消费金融模式，取得了良好的市场反响，2015 年，海尔消费金融放款数超 10 亿元，超过 10 万的用户使用了海尔金融的消费分期服务。

目前，海尔消费金融在全国共布局了近 4000 家线下网点，基本覆盖了除港澳台外的各个省份，并与红星美凯龙、网筑集团、中国电信、有住网、环球雅思、民生旅游等合作伙伴达成了战略合作

协议，将分期业务全面覆盖家电、家装、家居、教育、健康、旅游、数码3C等领域。

（六）海尔金控平台化转型，服务社会化产业链

伴随着海尔发展战略的平台化转变，海尔的金融业务也正在从供应链金融向平台化金融转变，积极拓展海尔体系外的社会化业务，将金融产业在海尔体系内的成功模式复制推广到海尔体系外的多个产业。

如P2P平台海融易，目前有一半以上业务来自海尔体系外的化工、医药器械、农业、房产、金融等产业。

再如海尔产业金融（融资租赁），主要为食品农业、汽车交通服务、环卫和光伏产业、医疗健康以及智能制造等行业和产业领域的客户提供包括融资、投资、咨询等多方位的金融整体解决方案。海尔产业金融在2016年成功打造出河南蛋品产业圈、湘西黄牛生态圈、阿勒泰循环经济生态圈等金融生态产品。

通过不断发展社会化业务，海尔金融业务一方面促进了自身专业能力的提高，另一方面也为海尔集团贡献了丰厚利润。

四 海尔集团产融结合的特点与启示

总结海尔集团近30年产融结合的发展道路，概括起来，主要有以下三个方面的特点与启示。

（一）海尔金融的发展走过了一条"由产而融—由融向产"的发展道路

海尔金融的发展历程，尽管海尔官方将其表述为"供应链金

融、产业链金融、生态链金融"三个阶段，实际上它还是一条"由产而融—由融向产"的发展路径。海尔向金融领域渗透，最初源于企业发展扩张的资金需求，这一时期主要是通过股票上市融资及投资银行、证券等金融机构获取企业发展所需资金；海尔扩张金融版图，一方面是由于其全球化和多元化发展战略的内在要求，另一方面也反映了海尔对金融功能和金融工具认识理解不断加深；而整合集团金融资源，成立海尔金控，则反映了海尔做大做强金融板块、谋求更多金融收益的意图和决心。

（二）推动企业产融结合发展，必须有相应政策支持

回顾海尔产融结合的发展历程，海尔金融发展初期也遇到不少困难和挫折，其中有其自身人才、经验和能力不足的原因，更多还是受限于政策约束，而海尔金融板块的大发展，也正是得益于2000年以后中国政府开始的金融体制改革。因此，从政府层面推动产融结合，鼓励金融资本支持实体经济，就必须有一个健康的金融环境和完善的资本市场；就必须有支持实体经济发展的产业政策；在防控金融风险、加强监管上必须做到科学化和制度化。

（三）产融结合，关键是要发挥好协同效应

一是产业资本和金融资本的协同。产融结合不是单纯的财务投资，而是强调金融与产业经营的协同效应，把金融视为业务系统的有机构成部分，推动产业部门与金融部门在资本、资金、人事等多方面相互融合、同生共长，借助金融手段，更有效地推动产业发展。

二是集团内部金融资源的协同。海尔产融结合发展初期，金融

产业布局较广，管控能力较弱，难以将旗下的银行、证券、保险（代理）公司等金融机构整合成自己能够把控的金融体系，旗下金融产业内部的协同效应也不明显。2014 年海尔金控的成立，开启了集团金融资源整合、发挥协同效应的步伐。但从目前的发展来看，海尔金控体系各成员的业务模式相近、目标客户重合的情况依然存在，如何发挥集团金融体系整体优势，针对不同产业领域和客户实行差异化服务，是海尔金融下一步要着力解决好的问题。特别是在海尔大力推进"企业的平台化"、"用户的个性化"、"员工的创客化"、企业内部小微化战略的背景下，如何有效避免金融体系内部的重复建设和无序竞争，还有待于进一步观察。

（本案例由大成企业研究院徐鹏飞根据公开资料整理撰写）

国外产融结合典型案例

一　服务业

（一）普洛斯（Global Logisitic Properties）

普洛斯是全球领先的现代物流和工业基础设施提供商，是中国、日本及巴西的市场领导者。普洛斯在中国的 38 个城市拥有并管理着 252 个综合性物流园区，基本形成了覆盖中国主要空港、海港、高速公路、加工基地和消费城市的物流配送网络。普洛斯也是全球领先的房地产基金管理者之一，全球著名的国际私募房地产杂志 *PERE* 发布了 2016 年全球前 50 家私募房地产公司的排行榜，普洛斯以 155.3 亿美元排名第四位，通过标准设施开发、定制开发、收购、回租、基金管理和金融服务，不仅促进领先的物流生态圈发展，也致力于为全球最具活力的制造商、零售商和第三方物流公司不断提高供应链效率，达成战略拓展目标。

1. 三核联动助推产业发展

普洛斯只做主导型的物流地产商，既不参与实际的物流业务，也不纯粹进行物流仓储建造，而是以客户为中心，帮助客户进行选址和网络化布局，以最大化地优化企业的核心竞争力，其客户不必投入很大的资金用于设施建设上，专心做好主业，帮助企业降低运营成本。例如，2016年普洛斯为宝马公司在上海和沈阳定制开发了新零部件配送中心，不仅遵循宝马全球统一标准和国际领先的物流技术，而且结合普洛斯海、陆、空强大的物流体系和专业的运作能力，可帮助宝马处理来自全国范围内经销商的紧急订单，并且能实现隔夜送达，即在24小时内完成供货，将运营效率提升了20%，并降低了宝马运营成本。

普洛斯利用遍布全球的规模化物流网络，不仅吸引了DHL、联邦快递、三井物流、顺丰等第三方物流公司，也通过定制开发和供应链整合服务吸引了大型企业集团。但是这种主导型的物流地产商，对选址能力和资金规模有严格的要求，必须搭建一种细致高效的资金运作体系才能保障其发展成功。因此普洛斯利用基金、物流地产开发、物业管理三个核心业务联动形成一种闭合循环体系。

物流地产开发部门负责选址、拿地和开发，并利用普洛斯庞大的全球客户网络和市场网络，以最快的速度找到优质客户，以其认可的租金并长期租用的模式出租物业；项目完成后，交给普洛斯物业公司进行专业化管理，一旦出租率达到90%、租金回报率达到7%之后，再由基金管理公司把成熟的物业置入物流地产基金，并提前兑现开发成本、收入及利润，投资回报期相应缩短到2~3年。资产置入基金后，物业部门继续运作并收取一定服务费，而基金部门除负责发起基金外，还协助物业部门提供物业管理、资本管理、投资管理及收益分配，获取相应的基金管理费和业绩提成收益，实现了基金模式的闭合循环，也达到了轻重资产的分离。

从 2003 年进入中国至今，普洛斯发行了上百只物流地产基金，每只基金自持 20%～30%，目前每年发行 2～3 支，每支规模 100 亿元人民币左右，其资金大部分来源于主权基金，投资期限一般十年以上，其中 1/3 资金来源于美国养老基金、美国消防基金和加拿大养老基金，1/3 资金来源于新加坡政府投资基金（GIC），1/3 资金来源于中国，如平安保险、中国人寿、中投集团、厚朴基金等。而这些基金一是看中了普洛斯在物流地产方面的专业运作能力和丰富的管理经验，二是看中了其可通过长期租金实现资产保值，三是看中物流地产在中国及亚洲的增值能力。由此可以看出普洛斯使用的资金成本很低，而且募集能力又强又快。

2. 普洛斯通过其产业和金融协同发展，促进了整个产业链生态圈发展

目前，土地依然是稀缺资源，特别是物流地产，如何充分利用这些珍贵的资源，以高标准建设、高效率运营将现代物流设施的功能完全发挥，获得经济与社会的双重效益是普洛斯的重要目标，因此普洛斯于 2016 年 6 月成立普洛斯金融，依托其强大的产业链，在整条供应链全面开展金融服务，提供供应链管理、融资租赁、经营租赁、商业保理、产业投资、综合信息服务等门类齐全的金融产品和服务，通过市场化、国际化运作，运用互联网新技术打造国内领先的供应链金融平台，构建中国物流新生态，为物流企业和物流从业者提供一站式服务，为各参与方提供各种增值服务。

普洛斯以其仓储物流数据为基础结合其他数据源建立了普洛斯金融风控天网，又以遍布全国的普洛斯园区为风控地网，天网和地网的有效结合组成完整的普洛斯金融风控体系。目前已发展运力金融、设备金融，跨境电商供应链金融、汽车后市场供应链金融、食品冷链供应链金融及中小微小额贷款。

（1）运力金融：利用企业真实在线交易数据，为企业提供各类型、各品牌物流车辆融资，并提供快捷、额度可循环使用、长期稳定的资金支持。

（2）设备金融：为园区内的客户提供冷库设备、自动化设备、叉车托盘、货架等设备，通过直租或回租等融资租赁方式提供设备服务，也通过金融业务连接专业化设备服务商，提供设备运营的增值服务。

（3）跨境电商供应链金融：通过海外资金降低贸易商的融资成本，降低其经营风险；再利用其保税区物流地产服务，为贸易商提供快捷的保管、商检、库存管理、全程跨境第三方综合物流服务，也利用普洛斯在美国、日本和巴西的海外仓帮助贸易商拓展海外市场。

（4）汽车后市场供应链金融：为汽车后市场的生产、销售企业提供小额贷款、保理和代理采购等服务，如轮胎企业。

（5）食品冷链供应链金融：通过提供国际和国内采购融资、现货质押贷款、保理等金融工具，为企业提供一站式供应链金融服务，并运用科技手段，实现可视化查看、管理、跟踪货物流及资金流。

（6）中小微小额贷款：针对具有共同经营模式和风险特征的客户群，利用信贷系统完成客户准入筛选、额度自动测算、贷后实时监测预警等工作；通过系统接入获取可靠的进销存数据，以此为依据为中小微企业提供小额贷款。

3. 利用金融手段助力其产业更强更大

普洛斯已经不再局限于独立开发，而是采取了合资、收购、置换、投资新兴物流公司等多种发展策略和金融手段，不断扩大在中国的市场份额。例如 2016 年普洛斯投资 20 亿元人民币认购中储股份 15.34% 股权，成为其第二大股东。这次战略合作不仅帮助中储集团盘活现有资产，借助普洛斯长期开发现代物流设施的经验及现代企业经营管理模式提升运营效率，而且帮助普洛斯利用中储集团持有的大量土地资源进一步加大其现代仓库的持有规模，完善在全国仓储设施网络的布局。另外，普洛斯利用钟鼎创投及产业基金投资蜂巢科技公司，德邦快递、卡行天下、传化物流等几十家物流公司，助力其产业更强更大。

从图 1 可知普洛斯在中国物流地产市场份额为 58.6%，远远高于第二名嘉民集团（8.2%）。伴随中国经济由出口转向内需，以及"一带一路"新政策的不断推进，中国市场对现代物流设施的需求量将会与日俱增，再加上普洛斯金融和产业整合能力，可能会继续扩大其物流地产的市场份额。

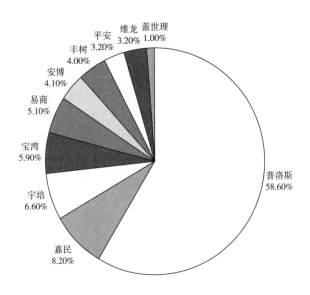

图 1　中国物流地产市场占比

资料来源：仲量联行。

因此，普洛斯产融结合的核心在于：利用基金分离轻重资产，把投资资本回收期缩短到 2～3 年，保障其有充足的资本去发展主业；依托自身强大的产业链运作和整合能力，利用其掌握的仓储物流数据，通过融资租赁、商业保理、现货质押贷款等金融工具，强力发展供应链金融，不仅降低客户运营成本，而且吸引更多大企业选择普洛斯，推动了主业市场份额和增值业务拓展。

（二）联合包裹（UPS）

联合包裹服务公司（UPS）是全球最大的物流快递企业，1998 年 UPS 成立了子公司 UPS 资本（UPSC），进入金融服务领域。2001 年 5 月 UPS 并购了美国第一国际银行，将其与原来的 UPSC 整合在一起，从而获得了美国本土的金融业务牌照，开始为客户提供各种供应链金融服务，包括存货融资、应收款融资等，近年来还提供信用保险、货物保险、中小企业贷款等金融服务。

UPS 实施产融结合战略的目的，并不在于赚取金融服务的利差收益，而是为了服务于物流快递主业的发展。由于 UPS 的客户包括大量的中小企业，这些企业一方面由于信用条件限制在银行往往很难申请到存货融资或信用证融资，另一方面又受到沃尔玛等强势买家到货后 30～40 天付款条件的压制，资金紧张是常态。

为此，UPS 利用 UPSC 给这些中小企业贷款，以获得更多物流快递业务的订单。在整个融资过程中，抵押物（存货）始终掌控在 UPS 手中，因而 UPS 能够有效控制贷款违约风险。同时，UPS 的货物全球跟踪系统，可以随时掌握货物的动向，即使借款人出现问题，UPS 的处理速度也要比会计师甚至海关快。凭借多年建立的针对外贸企业的客户信息系统，UPS 可以真正了解那些规模不大但资信状况良好的中小企业的信息，做存货融资风险要比传统银行低得多。

在帮助中小企业应对像沃尔玛等延期付款问题上，2003 年 UPSC 在开拓东南亚市场过程中提出了一个系统性解决方案。这一方案是由 UPS 代替沃尔玛与东南亚地区数以万计的出口商进行支付结算，只要出口商的货一到 UPS 手中，UPS 保证在两周内把货款先打给这些出口商，以保证他们的流动资金运转。作为交换条件，这些出口商必须把出口清关、全程货运业务交给 UPS，并支付一笔可观的手续费，拿到货物的 UPS 最后再和沃尔玛一对一结算。在这一过程中，出口商加速了资金周转，沃尔玛避免了和大量出口商的结算麻烦，而 UPS 则扩大了物流市场份额。

因此，UPS 产融结合的核心在于：利用物流业务掌控的全面信息与在运货物，降低了贷款风险，通过提供低息乃至无息贷款，吸引更多物流快递订单，推动了主业市场份额和增值业务拓展。

（三）沃尔玛（Wal – Mart）

国际零售巨头沃尔玛一直在努力推动零售与消费信贷的结合。根据沃尔玛测算，如果能够开设自己的零售银行，通过与零售业务共用推广渠道、客户信息和支付系统，可以节约信用卡推广的营销成本，降低客户信息管理成本和支付系统的运营成本，使信用卡的费率成本从 2% 降低到 1%。

但是由于银行界的极力抵制，沃尔玛一直无法获得开展零售银行业务或单独发行信用卡的许可，因此只好选择与金融机构合作来拓展金融业务。2005 年初，沃尔玛与摩根士丹利旗下的发现金融服务公司在北美联合推出名为"沃尔玛发现卡"信用卡，由通用电气旗下的通用消费金融公司负责发行。此卡不需要年费，消费者可以使用该卡在沃尔玛或其他地方购物，还可获得最高 1% 的折扣。也就是说，沃尔玛将 1% 的节约成本回馈给消费者，其目的是通过 1% 的回馈巩固和扩大沃尔玛的客户群，并推动消费信贷业务的同步扩张。目前约四成的美国家庭拥有发现卡。

沃尔玛庞大的消费群和 1% 的成本优势在金融界引起了恐慌。银行界对它既恨又爱，在进一步坚决抵制其独立开设银行的同时，又趋之若鹜地想与它合作。这使沃尔玛在与银行的合作中通常能够占据利益的大头。利用自身客户资源优势，沃尔玛借助金融合作实现的产融结合，不仅推动了零售业务发展，同时也提高了与其他银行在合作中的谈判地位，分食了金融业务的收益，从而形成了良性互动。

二　高科技行业：英特尔（Intel）

众所周知，英特尔是一家创新驱动的公司，在 CPU 领域一直具有绝对领先优势。但不为人所熟知的是，英特尔奉行的是技术与资本的双驱动战略。英特尔资本是英特尔于 1991 年成立的下属投资机构，是目前世界上最大的投资实体之一。其投资方向，是向全球范围内的创新型科技公司进行股权投资，投资对象包括上市公司、处于快速成长期的公司和初创企业。自成立之日起，英特尔资本已经向全球 47 个国家和地区的 1050 多家企业投入了 95 亿美元；在此期间，170 多家被投公司已在全球多个交易所上市，240 多家公司被收购或参与收购。

英特尔之所以自建投资部门，主要是所处信息技术领域的技术变化太快，"摩尔定律"下即使像英特尔这样具有强大创新能力的公司，单凭一己之力也不可能洞悉所有变化趋势。而建立投资部门，并以创新型科技公司为主要投向，不仅可以获得高科技公司成长中的高额回报，还可以弥补自身不足，拓宽技术视野，进行技术储备，为企业持续发展提供保障。

英特尔资本的投资原则，是希望所投的公司能有足够的钱做他们希望做的事情，但是管理团队还拥有公司控制权，英特尔资本不寻求对这些公司的运营性掌握，基本上都是以外部董事的角色介入公司运营。

在具体投资项目上，英特尔关注与自己业务相关的潜力公司，对于此类公司一般入股 10%～15%，并具有董事会席位。但是更强调所投项目与英特尔未来发展的相关性，因此投资范围非常广泛，除了 IT 领域，甚至包括清洁能源、凤凰新媒体等。

对于不同业务领域，英特尔资本以成立主题基金的形式进行投资。例如，1999 年它建立了 5 亿美元的通信基金，2004 年又启动了 2 亿美元的数字家庭基金，而这两只基金很大程度上被认为辅佐着 Intel 在通信及数字家庭两大市场中后来居上。

由于其主要投资于高科技领域，因此投资团队与英特尔的业务团队合作非常紧密。在英特尔资本的组织架构里，每个部门的董事总经理对其事业部门负责，但他们又必须向英特尔相关事业部的领导汇报。对一个投资项目而言，英特尔的事业部门提供技术支持，而英特尔资本则提供财务支持。但是在资本与业务部门之间还是在制度与操作层面设置了一些防火墙，以防止被投公司的经营与技术机密被业务部门掌握。当然这在很大程度上取决于职业道德，但英特尔资本认为，保护被投资者利益是英特尔在资本市场上的立足之本，因此至今为止尚没有泄密事件发生。

英特尔资本在归纳自身在投资领域的竞争优势时，经常提到的是：英特尔强大的品牌保障，世界范围内的广泛客户群，全球领先的研发力量，丰富的技术经验，专业化的人才资源，强大的资本提供能力。对于被投资企业，一般根据双方达成的合作意向，英特尔的投资除输出资金外，还会给投资方提供全方位的技术与管理支持。

自 1998 年起，英特尔投资在中国投资了 50 多家公司，有 10 余家已经上市或并购退出，包括亚信、搜狐、UT 斯达康、双威通讯、德信无线等均获得过英特尔的投资。可以说，英特尔投资是中国 TMT（高科技、传媒、电信）领域最活跃也是最成功的风险投资者之一。

三　酒店业

（一）万豪酒店（Marriott）

在全球直接经营 1000 多家酒店、特许经营 1700 多家酒店的万豪酒店集团，在人们的通常想象中应该是一个拥有庞大固定资产的重资产企业，但实际上，万豪依靠其独特的轻资产模式与资产证券化运作能力，不仅实现了对全球 2700 多家酒店的控制，而且资产收益率也远高于同行水平。那么，它是如何做到的呢？

20 世纪 70 年代，万豪的负债表很"重"，自建的酒店形成了资产负债表左侧的高固定资产和右侧的高负债。酒店地产的专属性强、流动性和外延性弱的特点，都使万豪很难像百货等行业从地产租赁中获得超额收益，其超额收益仅来源于品牌化管理。但是，万豪的酒店管理业务本身能够产生相对稳定的现金流，而地产业务又是高风险、高收益的周期性行业，也存在着获得超额利润的机会。

为了将这两部分风险特征完全不同的业务隔离，企业需要在资产负债表上将无形资产与固定资产隔离。于是，万豪酒店集团自1993年开始分拆，分拆成万豪国际（Marriott International）和万豪服务（Host Marriott）。万豪国际转型成纯粹的服务性机构，与投资者签订长期的管理协议对酒店进行经营管理，但不拥有产权；万豪服务掌握集团旗下所有酒店地产和债务，但不参与管理，并负责将其资产证券化，出售给那些寻求长期稳定收益或者高税赋的投资者（因为溢价购买不动产债务通过会计处理可以降低高税赋投资者的所得税），从而释放回笼现金流。

在完成业务结构的重大重组之后，万豪上市公司的资产负债表大为"轻"化，固定资产仅占总资产的9.95%。在轻资产战略下，万豪的资本回报率大幅提升。尽管酒店行业的利润率较低，经营利润率都仅为5%左右，但由于万豪的资产负债表很"轻"，因此资产回报率显著高于利润率，息税前利润占投入资本的比例高达16.5%，净资产收益率达到20.6%。万豪的这种高资产效率也得到了资本市场的认同，其市净利润率在5倍左右。

分拆也改变了企业的盈利模式。经营管理业务的万豪国际，利用其品牌与管理的优势在直营的同时开发了特许业务，进一步增强了获利能力。而经营地产业务的万豪服务，在不断积累资产证券化等金融业务运作经验的基础上，为了成为一个合格而且有竞争力的房地产投资信托基金（REITs）性质的公司，1998年又迈出了重要的一步，单独成立了Crestline Capital公司，将万豪服务的所有高档住宅物业都转让给 Crestline Capital 公司，把所有的酒店以出租或者转租的形式承包给 Crestline Capital 公司，从而使万豪服务于 1999 年正式变身为房地产投资信托基金性质的公司，其 REITs 也是美国房地产投资信托基金协会综合指数（NAREIT）中最大的酒店类 REITs。

REITs 身份为万豪带来诸多好处。首先，让万豪享受公司税收减免，因为 REITs 必须把 90% 以上的利润拿出来作为分红发放给投资者。其次，由于 REITs 可吸收大量来自民间的个人投资资金，因而资金状况得到进一步提升。最后，REITs 身份让公司的股东结构更加多元化和稳定化。

完成了这一转变后，万豪具有了两块相互支持的业务，实现了产融的有机结合。一块是具有传统竞争优势的酒店管理业务，另一块是酒店资产的管理。通过资产处置和利用 REITs 的融资功能，万豪服务可以收购那些有升值潜力的酒店物业，为万豪的酒店管理业务提供新的项目来源，其青睐购买和长期持有的主要是城市黄金地段、机场、度假村等稀缺和具有升值潜力的优质资产，目前遍布美国、加拿大、墨西哥、智利、英国、意大利、西班牙和波兰等地；在万豪品牌和酒店管理业务的支持下，收购后的酒店运营水平以及相应的物业价值能够获得较大的提高，REITs 收益也能得到基本保障。而根据酒店业务发展需要和对酒店地产经营周期的把握，万豪服务也在出售那些不能满足公司长期发展目标的非核心业务，出售后的获益用于进一步巩固其核心业务和新项目的购买，从而形成了一个良性循环。由于资产管理业务出色，1998 年万豪服务开始接受除万豪之外的其他酒店集团的资产管理业务。

2004 年至 2005 年初，万豪服务总共出售了价值 3.8 亿美元的

13 处酒店物业。2005 年 11 月 14 日，万豪服务买下了喜达屋公司旗下的 38 家遍布欧、亚、美三洲的酒店地产。喜达屋抛售的 38 家酒店共有客房 1.9 万间，占公司全部客房总数的 40%。此次交易总价值近 41 亿美元，是 2005 年全球最大的一起酒店转让案。交易完成后，喜达屋仍将享有这些酒店 40 年的品牌管理权。

此次交易对万豪服务来说，酒店品牌线大大扩展，公司旗下的各类豪华酒店跃升至 145 家。万豪服务也成为美国最大的酒店集团和第六大公共房地产投资信托公司。由于酒店资产来源更为广泛，为突出其专业酒店资产管理商的特点，万豪服务 2006 年 4 月 19 日由 Host Marriott 更名为 Host Hotels & Resorts。但是喜达屋称，剥离资产也是喜达屋战略转型的需要，即从酒店地产商向品牌管理商的转变。而 2005 年早些时候，洲际酒店、希尔顿酒店等业内巨头也都有出售资产的行动。这也表明，专注于品牌管理也是酒店集团获得持续发展的另一种模式，但其商业模式原理与万豪国际并无不同，也是"轻资产"战略，只不过没有选择产融结合模式而已。可见，是否实施产融结合模式，还是取决于酒店集团对于外部环境与自身核心能力的认识以及由此对总体战略的设计。

（二）马里奥特酒店集团（资产证券化）

马里奥特作为一家大型连锁酒店经营者，在 20 世纪 70 年代以前，其通过债务融资的方式建造了许多酒店，但在石油危机期间，高负债率的隐忧开始显现，银行贷款利率暴涨，企业资金链异常紧张，公司迫切需要将固定资产所束缚的现金流释放出来。

为此，马里奥特对其业务结构进行了重大重组，将原有业务分拆为两部分，一部分是专营酒店管理的马里奥特酒店管理公司，它几乎不直接拥有任何酒店，而是以委托管理的方式赚取管理费收益；另一部分则是专营酒店资产证券化的房地产投资基金（REITs）——马里奥特将所有酒店资产都剥离给这家公司，由该公司进行资产证券化的包装以释放、回笼现金流。投资基金的成立不仅缓解了当时马里奥特的财务危机，还在无意中创建了一种新的产融经营模式——在此后的扩张中，房地产投资基金根据管理公司的扩张需求为其新建、改建或收购酒店资产，并与管理公司签订长期委托经营合同，每年支付给管理公司一笔合理的管理费用，然后将酒店经营的剩余收益分拆为成千上万份，以一种特殊股票的形式发售给公众投资人——有了房地产投资基金的金融资源支持，酒店管理公司可以更快速地扩张，并在直营的同时开发了特许业务。今天马里奥特酒店管理集团已在世界各地直接经营着1000多家酒店、特许经营着1700多家酒店，成为全球最大的酒店连锁集团——而如果不是这一新的产融扩张模式，马里奥特要想达到今天的规模，资产负债率至少要在90%以上。

在酒店管理公司扩张的同时，马里奥特房地产投资基金也快速成长起来。马里奥特的品牌效应保证了投资基金旗下资产的良好收益；在积累了足够经验后，投资基金也将业务范围拓展到了马里奥特之外，开始为喜来登等其他酒店品牌处理固定资产。

在对资产和业务结构做了上述"手术"后，马里奥特的资本回报率大幅提升了：尽管酒店行业平均的利润率较低，经营利润率仅为5%左右，但由于马里奥特的固定资产仅占总资产的27.4%，固定资产周转率达到5倍，因此，企业的资产回报率显著高于同行，息税前利润占投入资本的比例高达16.5%，净资产收益率达到20%以上。

四　制造业

（一）通用电气（GE）

通用电气（GE）是产融结合的鼻祖，也是中国企业选择产融结合模式时首先考虑的学习对象。

GE 最早的金融业务始于 1905 年，当时只是一些零星的商业信贷。1933 年为应对当时的大萧条，开始涉足消费者信贷领域，目的是帮助电器经销商以分期付款方式促销 GE 生产的冰箱、电炉等电器产品，直到 20 世纪 60 年代前没有什么变化。

20 世纪 60 年代，银行等纷纷推出的分期付款业务使 GE 金融业务面临巨大压力，于是扩展经营范围，推出自己所生产设备的租赁业务。到了 70 年代末，业务更加多样化，包括房屋制造、工业贷款、为个人信用卡提供经费等，从最初的推动集团产品销售的服务转变为专业金融服务，并成立了独立运作的金融公司，不过规模依然很小。

1981 年韦尔奇接任 CEO 后，通过支持企业收购兼并，GE 金融实现了飞速发展，金融业务也被纳入 GE 的主营范围。在韦尔奇担任 CEO 的 20 年中，GE 一共出售了 350 项业务，收购了 900 项业务，总共花费 1500 亿美元，公司营业额从 1981 年的 250 亿美元，增加到 1250 亿美元，市值从 130 亿美元一路攀升到最高时的 5600 亿美元。相应地，GE 金融的年净收入增长率达到了 18%，而 GE 其他部门大多只有 4% 左右。

GE 金融服务业务源于服务内部产业，在很长一段时间内也是作为 GE 制造业的衍生领域而伴生存在的。20 世纪 80 年代后期，随着市场竞争的加剧，韦尔奇意识到，价值增长的潜力已转移到下游服务和融资活动上。他利用了这种转移，改变了 GE 的价值获取机制，提出了为客户提供"全套解决方案"的口号。所谓全套解决方案就是将更多种类的产品与服务捆绑在一起销售给同一客户，以获取更多的利润。其中最主要的就是提供金融服务，由此，金融被渗透到 GE 产业的各个环节。这一特色又被称为"交叉销售"模式。

产融结合另一显著特色就是 GE 产业板块对金融业务的支持。与常人认识有所不同，GE 金融是集团里的"负债大户"。进入 21 世纪，GE 金融出现了偏离产业，向着具有独立性、大金融发展的倾向。大量金融业务的开展决定了其高耗现金流的财务特性，2004～2007 年 GE 金融年均资金缺口为 200 亿美元。与之相反，GE 产业部门每年可产生约 200 亿美元的净经营现金流。在剔除投资并购、股息支出后，GE 产业部门年均保持 140 亿美元的自由现金流，这些现金大多进入了 GE 金融的现金池。此外，GE 还将富余的经营现金用于购买 GE 金融的短期商业票据，这也是 GE 金融短期融资的最主要工具。更大的支持来自通过担保其产业的 3A 信用评级移植到 GE 金融身上，使其能够获得比花旗、汇丰更低的资金成本，而在金融杠杆作用下，几个点的资金成本优势被放大了十几倍。

在集团支持下，GE 金融在集团中的地位不断提升。2008 年金融危机爆发前五年中，GE 金融掌握近 8000 亿美元 GE 总资产的 80% 以上，如果单独剥离出来，可以位列全美前十大商业银行；收入占 GE 总收入的 35%～40%，利润占 GE 总利润的一半左右。

2008 年金融危机后半年时间里，GE 股价下滑达到了 83%。业界普遍认为，这是受到 GE 金融业务的拖累，因为 GE 金融的商业地产、消费信贷和英国的按揭贷款等业务风险敞口过大。但实际上，GE 金融的当年盈利下降只拉低了 GE 当年盈利 15%。为化解危机的不利影响，2008 年 GE 进行了业务重组，最为显著的特点之一就是整合金融业务，将散布在其他业务板块中的金融业务基本都聚集到一个单独的资本金融板块。与此同时，GE 金融进行了战略调整，通过收购美林资本公司、花旗集团北美商业贷款和租赁公司的大部分业务，出售日本、德国、爱尔兰和芬兰等国价值 900 亿美元的部分业务，使 GE 金融只在具有核心竞争力的领域发展，并开始重返产融紧密结合之路。不过在业务收缩后，GE 仍然认为 GE 金融是公司的重要业务板块，今后将占公司整体营收比例的 1/3 左右。市场波动较纯粹的实业公司更为剧烈。

（二）福特集团

福特作为汽车行业的鼻祖，在 1923 年率先成立了从事汽车贷款业务的福特汽车信贷公司 Ford Motor Credit，随着汽车的普及，20 世纪 60 年代以后福特的汽车金融业务得到了飞速的发展——共用销售渠道所节约的营销成本，使福特金融迅速取代了传统商业银行成为全球最大的汽车金融公司。目前福特汽车信贷已经为遍布全球 36 个国家的 1100 万汽车消费者、12500 家汽车经销商提供汽车金融服务，而旗下另一家汽车金融公司——赫茨公司则是全球最大的汽车租赁公司。如今汽车金融的收入已占到福特总收入的 40% 以上，汽车金融业务的总资产超过 1600 亿美元。

（三）卡特彼勒集团

卡特彼勒是全球最大的工程设备制造商，1981 年它成立了全资子公司卡特彼勒金融公司，1983 年开始正式提供金融服务，包括为购买卡特彼勒产品的客户提供设备融资服务（零售金融服务）和为卡特彼勒产品的经销商提供应收款或存货融资服务（批发金融服务）。

与传统银行系设备金融公司或独立的设备金融公司相比，背靠产业集团的设备金融公司最大的优势在于资产余值的管理。卡特彼勒旗下有一支专业的"再分销服务团队"（CRSI），它负责处理卡特彼勒品牌的二手设备。为了降低二手交易中信息不透明的成本，CRSI 在成立之初就大力推广卡特彼勒二手设备认证（CCU），通过分级评定为买卖双方树立一个可信的价值标杆——从近乎全新的设备到使用多年的设备，不同品质的设备有不同的评级和价格指导，而卡特彼勒则为所有经 CCU 认证的二手设备提供相应水平的保修和零配件更换服务。CRSI 的认证使卡特彼勒的二手设备成为全球最保值的二手设备。

在此基础上，CRSI 通过卡特彼勒分布于全球各地的代理商开拓二手设备市场，如集团位于荷兰的专业二手设备代理商 Pon Equipment，专门负责回购和出售卡特彼勒品牌的建筑施工二手设备，而代理商 IIASA 则在拉美地区提供二手设备，产品一经推出就获得了当地市场的广泛欢迎——全球每年有 1000 亿美元的二手设备交易，借助这一市场，卡特彼勒不仅能够充分挖掘设备价值，还能够通过资产余值的管理来降低违约事件中的信用损失。余值管理能力的增强使卡特彼勒等厂商系设备金融公司敢于接受更高风险的融资申请。美国设备金融与租赁协会的数据显示，2006～2007 年，厂商系设备金融公司接受融资申请的比例约为 85%，而银行系设备金融公司和独立设备金融公司接受申请的比例为 65%，高出的

20 个百分点就是产融模式下设备金融公司风险边界的拓展，提高了贷款收益率。总之，"设备制造＋设备金融"的产融模式，其核心是产业集团的技术服务能力，它提升了金融部门管理资产余值的能力，降低了信用风险成本，拓宽了风险边界，提升了利差收益；同时，与产业集团共用的客户渠道降低了金融部门获取客户的成本，提高了人均利润率，结果，厂商系设备金融公司在回报率上更具优势。

五　金融：JP 摩根

19 世纪末 20 世纪初，JP 摩根成了华尔街的金融霸主，但它并不满足于金融帝国成就而开始向产业领域延伸，1879 年它从范德比尔特手中购买了美国中央铁路 75％的股权，并在 1900 年成为名副其实的"铁路大王"。之后，JP 摩根又盯上了钢铁业，把美国分散的钢铁公司合并重组为美国第二大钢铁企业——联合钢铁公司，并在 1901 年以 4.8 亿美元的价格购买了卡耐基的美国钢铁公司，组成当时全球最大的钢铁企业。到 1930 年摩根财团所控制企业的资产总额已占到当时美国八大财团资产总额的 50％以上。

凭借金融资本的雄厚力量，JP 摩根控制了庞大的实业资产，而摩根财团则成为垄断的代名词；不过随着反垄断法的颁布，JP 摩根的力量开始削弱，但是真正让摩根时代一去不复返的不是反垄断法，而是金融市场的发展。

（以上案例由大成企业研究院胡冰川根据公开资料整理汇编）

后　记

"产融协同　促进实体经济发展"是大成企业研究院 2017～2018 年开展的重要研究课题。为了解企业在产融协同方面的探索和实践情况，课题组先后赴新希望集团、天士力集团、三一集团、武汉当代集团、复星集团、红豆集团、博雅控股集团、法尔胜集团、双良集团、远东控股集团、新华联集团、新奥集团、中驰车福、中科金财、瀚华金控集团、中国民生银行走访调研，与企业相关负责人面对面沟通交流，全方位、多角度地探讨了企业在产融协同方面的实践现状、经验体会、突出困难以及政策诉求，掌握了大量一手资料。以上企业为课题研究提供案例支持，做出重要贡献，在此深表感谢！此外，天津五度时空咨询公司、无锡大成企业研究中心也对课题研究给予了重要帮助，表示感谢！

本书由大成企业研究院"产融协同　促进实体经济发展"课题组撰写，大成企业研究院常务副院长欧阳晓明为课题组组长，拟定全书思路并负责全书统稿；国务院参事谢伯阳、南开大学田利辉教授为课题组副组长，参与课题研究并提供重要意见。

主报告由大成企业研究院欧阳晓明、徐鹏飞、王哲撰写。分报告一、分报告二、分报告三由南开大学金融学教授田利辉团队组织撰写，其中，分报告一由南开大学旅游与服务学院副教授马静、南开大学金融发展研究院研究生林子炀撰写；分报告二由南开大学金融发展研究院研究生张哲玮、黄臻、高旸、夏梁省撰写；分报告三由南开大学金融发展研究院研究生吕美佳、王雨、张越、王毅东撰写，田利辉教授拟定研究思路并统稿，王泽坤负责统筹协调工作；分报告四由大成企业研究院"科技金融"课题组撰写，主要执笔人为谢伯阳、房汉廷、欧阳晓明、刘琦波、张明喜、孙德升、王哲。案例篇中产融协同发展企业案例由大成企业研究院徐鹏飞、王哲、胡冰川根据调研材料整理而成。大成企业研究院赵征然、王红、郭阳为本课题提供了帮助和支持。

图书在版编目（CIP）数据

产融协同：金融服务实体经济新思维/大成企业研
究院著 . -- 北京：社会科学文献出版社，2018.12
ISBN 978 - 7 - 5201 - 3465 - 1

Ⅰ. ①产… Ⅱ. ①大… Ⅲ. ①金融支持 - 经济发展 -
研究 - 中国 Ⅳ. ①F124

中国版本图书馆 CIP 数据核字（2018）第 215511 号

产融协同：金融服务实体经济新思维

著　　者／大成企业研究院

出 版 人／谢寿光
项目统筹／邓泳红　吴　敏
责任编辑／张　超

出　　版／社会科学文献出版社·皮书出版分社 （010）59367127
　　　　　　地址：北京市北三环中路甲 29 号院华龙大厦　邮编：100029
　　　　　　网址：www.ssap.com.cn
发　　行／市场营销中心 （010）59367081　59367083
印　　装／三河市尚艺印装有限公司

规　　格／开　本：787mm×1092mm　1/16
　　　　　　印　张：17　字　数：205 千字
版　　次／2018 年 12 月第 1 版　2018 年 12 月第 1 次印刷
书　　号／ISBN 978 - 7 - 5201 - 3465 - 1
定　　价／89.00 元

本书如有印装质量问题，请与读者服务中心 （010 - 59367028）联系

▲ 版权所有 翻印必究